MARCO POLO

MONTENEGRO

Reisen mit **Insider Tipps**

> Montenegro hat auf kleinstem Raum wahnsinnig viel zu bieten: richtig hohe Berge, tiefe Schluchten und Bergseen. Dann das buchstäblich tiefblaue Meer, Sandstrände in versteckten Buchten, ein Hauch von Venedig in den Altstädten.

MARCO POLO Korrespondentin Danja Antonović

(siehe S. 126)

Spezielle News, Lesermeinungen und Angebote zu Montenegro:
www.marcopolo.de/montenegro

MONTENEGRO

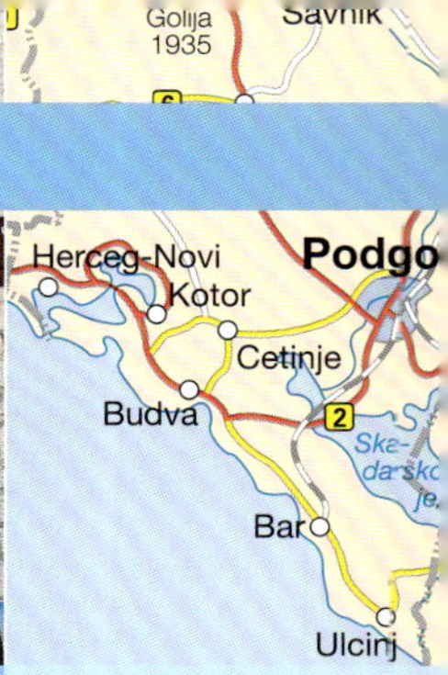

> SYMBOLE

Insider Tipp **MARCO POLO INSIDER-TIPPS** Von unseren Autoren für Sie entdeckt

★ **MARCO POLO HIGHLIGHTS** Alles, was Sie in Montenegro kennen sollten

SCHÖNE AUSSICHT

WLAN-HOTSPOT

▶▶ **HIER TRIFFT SICH DIE SZENE**

> PREISKATEGORIEN

HOTELS

€€€ über 70 Euro
€€ 40–70 Euro
€ unter 40 Euro

Die Preise gelten für zwei Personen im Doppelzimmer mit Frühstück pro Nacht

RESTAURANTS

€€€ über 17 Euro
€€ 12–17 Euro
€ unter 12 Euro

Die Preise gelten für ein Essen mit Vor-, Haupt- und Nachspeise und einem Getränk

> KARTEN

[114 A1] Seitenzahlen und Koordinaten für den Reiseatlas Montenegro

Karten zu Budva, Cetinje, Herceg Novi und Kotor finden Sie im hinteren Umschlag

Zu Ihrer Orientierung sind auch die Orte mit Koordinaten versehen, die nicht im Reiseatlas eingetragen sind

INHALT

> SZENE

S. 12–15: Trends, Entdeckungen, Hotspots! Was wann wo in Montenegro los ist, verrät der MARCO POLO Szeneautor vor Ort

> 24 STUNDEN

S. 94/95: Action pur und einmalige Erlebnisse in 24 Stunden! MARCO POLO hat für Sie einen außergewöhnlichen Tag in Podgorica zusammengestellt

> LOW BUDGET

Viel erleben für wenig Geld! Wo Sie zu kleinen Preisen etwas Besonderes genießen und tolle Schnäppchen machen können:

Tipps für einen ruhigen, kostengünstigen Urlaub S. 40 | Satt werden für wenig Geld S. 53 | Markenware zu Schnäppchenpreisen S. 75 | Spezialitäten vom Bauernmarkt S. 80 | Günstig einkaufen im China Shop S. 88

> GUT ZU WISSEN

Was war wann? S. 10 | Milo Đukanović S. 18 | Spezialitäten S. 26 | Ausverkauf S. 44 | Oliven S. 57 | Blogs & Podcasts S. 60 | Gegen den Strom S. 62 | Die Biennale von Cetinje S. 70 | Bücher & Filme S. 73 | Kirchenstreit S. 83

AUF DEM TITEL
Romantischer Bootsausflug mit Fischpicknick S. 36
Livemusik in Podgorica S. 15

ENTDECKEN SIE MONTENEGRO!

Unsere Top 15 führen Sie an die traumhaftesten Orte und zu den spannendsten Sehenswürdigkeiten

Die Highlights sind in der Karte auf dem hinteren Umschlag eingetragen

1 Herceg Novi
Nirgends scheint die Sonne länger als in Montenegros Blumenstadt (Seite 32)

2 Stari grad (Altstadt)
Die Unesco hat das traumhafte architektonische Ensemble in Kotor zum Welterbe der Menschheit erklärt (Seite 39)

3 Gospa od Škrpjela
Auferstanden aus Ruinen: Versunkene Schiffswracks bilden das Fundament der Kircheninsel Frau vom Felsen (Seite 41)

4 Perast
Verflossener Seefahrercharme in idyllischem Barocksetting (Seite 42)

5 Stari grad (Altstadt)
Die Geschichte von Jahrhunderten zwischen den dicken Steinmauern von Budva (Seite 50)

6 Sveti Stefan
Früher Fischerinsel, heute Luxushotel – und die Wellen schlagen weiter (Seite 54)

7 Velika plaža (Großer Strand)
Am längsten Strand des Landes bei Ulcinj kommen nicht nur Windsurfer auf ihre Kosten (Seite 61)

8 Skadarsko Jezero (Skutarisee)
Der größte See des Balkans: ein Traum für Vogelfans und Angler (Seite 64)

> DIE BESTEN MARCO POLO HIGHLIGHTS

9 Cetinje
Die historische Hauptstadt verzaubert durch ihre alten Botschaftsgebäude (Seite 66)

10 Ostrog
Anziehungspunkt für Gläubige: das in Fels gehauene orthodoxe Kloster (Seite 79)

11 Durmitor Nacionalni Park
Gletscherseen, Skipisten und einsame Wanderpfade in einem Nationalpark, der über 2000 m hoch gelegen ist (Seite 81)

12 Piva
Über 1000 m^2 Fresken zeugen von mittelalterlicher Kirchenmacht (Seite 82)

13 Tara
Ein Welterbe der Superlative: der längste und schönste Fluss Montenegros, die tiefste Schlucht Europas, der zweittieftste Canyon der Welt; die Tara bietet einen spektakulären Anblick und lädt zu Raftingtouren ein (Seite 83)

14 Biogradska Gora
Ökologisches Schutzgebiet seit 1878, Nationalpark seit 1952: Hier können Sie einen der letzten europäischen Urwälder erleben (Seite 88)

15 Plav
Muslimische Alpenlandschaft: schlanke Minarette an einem klaren, blauen Bergsee, der dem Ort seinen Namen gab (Seite 89)

Budva

AUFTAKT

Verträumte Buchten, hinter Felsen versteckt und von Pinien, Zypressen und Olivenbäumen umsäumt, prägen den Küstenstreifen Montenegros. Kahle Berge ragen in den Himmel gleich dahinter, und nur eine Passstraße weiter liegt der Süßwassersee Skutari. Atemberaubend ist die Welt der Canyons im Norden des Landes, schneebedeckte Bergspitzen spiegeln sich in winzigen Bergseen. Adria und Skutarisee, hohe Berge und tiefe Schluchten, orthodoxe Klöster im Innern des Landes, europäische Baukunst an der Küste: Selten kann man auf einer so kleinen Fläche so viel sehen und erleben.

> So nah und doch so fern: Nicht einmal zwei Stunden Flugzeit von Berlin, Wien oder Zürich entfernt, liegt der Staat Montenegro. Noch unbekannt ist das Land der Schwarzen Berge, das Land der Helden und Piraten, die im Mitelalter die Türken aus den Bergen vertrieben und venezianische Schiffe überfallen haben. Keine 300 km ist der montenegrinische Küstenstreifen lang, insgesamt 70 km Strand stehen den Badehungrigen zur Verfügung. Die andere Hälfte Montenegros gehört den Bergen, die über 1000 m über dem Meeresspiegel liegen.

Reißende Flüsse winden sich durch die tiefen Schluchten des Durmitor- und Bjelasica-Gebirges. Auf einem der unzähligen Bergmassive, dem Lovćen, haben die Montenegriner ihren berühmtesten Dichter, Petar II. Petrović Njegoš, begraben – vom Wahrzeichen des Landes reicht der Blick nach Bosnien, Kroatien, Albanien und an klaren Tagen über die Adria bis nach Italien. Gerade einmal 176 km beträgt die Entfernung zwischen dem westlichsten und dem östlichsten Punkt Montenegros, nur 200 km liegen zwischen Nord- und Südspitze; aber die haben es in sich: Nach dem Grand Canyon ist die Taraschlucht im Nordwesten die tiefste der Welt; einer der letzten drei Urwälder Europas, Biogradska Gora, liegt im Hochland verborgen. Am Skutarisee nisten so viele Vögel wie an keinem anderen See Europas, und zwischen Herceg Novi und Kotor schmiegt sich der einzige Fjord des Mittelmeers an die fast senkrecht aufsteigenden Bergwände. Und nirgendwo sonst an der Ostadria gibt es so schöne Sandstrände wie zwischen Bar und Ulcinj. Ein Spaziergang durch die Blumen-

> Reißende Flüsse winden sich durch tiefe Schluchten

Die Bahnstrecke zwischen Belgrad und Bar gehört zu den eindrucksvollsten auf dem Balkan

stadt Herceg Novi, das Seefahrerstädtchen Perast oder die verträumte Hotelinsel Sveti Stefan versetzt Sie in Glanzzeiten europäischer Baukunst. Die autofreie Altstadt von Kotor mit ihrem Architekturmix aus venezianischen Barockbauten und österreichisch-ungarischen Bürgerhäusern wurde von der Unesco 1979 zum kulturellen Welterbe erklärt.

Voller Leidenschaft verteidigen die Bewohner den Vielvölkergeist, der hier auch nach dem Zerfall von Josip Broz Titos sozialistischem Jugoslawien weiterlebt. Kroaten, Serben, Albaner, Roma und Muslime wohnen seit Jahrhunderten auf engstem Raum zusammen – Toleranzkapital, das die kleine Republik bei der von Regierung wie Opposition gleichermaßen angestrebten Aufnahme in die EU einbringen will. Denn dass ihr Land tief in Europa wurzelt, daran lassen die Montenegriner keinen Zweifel: Wohin man kommt, Spuren der reichen Historie des kleinen Landes. In Cetinje etwa wecken alte Botschaftsgebäude Erinnerungen an die Zeit, als die Töchter Nikolas I. in die europäischen Höfe einheirateten und der wendige Diplomat so zum „Schwiegervater Europas" avancierte – bei neun Töchtern wahrlich ein angemessener Titel.

Schon zuvor hatten die Adelshäuser von Venedig bis Petersburg montenegrinische Maler und Kapitäne um ihre Dienste gebeten. Und die euro-

> *Glanzzeiten europäischer Baukunst*

päischen Wurzeln reichen noch weiter: Griechen, Illyrer und Römer siedelten auf dem Gebiet südlich von Dubrovnik, ehe das Römische Reich sein Territorium Ende des 4. Jhs. aufteilte. Danach verlief die Grenze zwischen West- und Ostrom direkt unterhalb der Bucht von Kotor, was für die Adria-Anrainer nicht ohne Folgen blieb: Bis heute wohnen die wenigen Katholiken (1 Prozent der Bevölkerung) im Dreiländereck mit Bosnien und Kroatien; an der Küste südlich von Tivat und im Hochland dominiert die serbisch-orthodoxe Kirche (71 Prozent). Die Nachfahren der unter den Osmanen zum Islam übergetretenen Montenegriner (15 Prozent) siedeln in der Umgebung von Ulcinj, im Hochland um Plav und im Sandžak an der Grenze zu Serbien.

Lange musste Montenegro warten, um wieder ein unabhängiger Staat zu

WAS WAR WANN?

Geschichtstabelle

Um 1200 v. Chr. Illyrer besiedeln die Gebiete rund um den Skutarisee

2. Jh. v. Chr. Das Römische Reich drängt die illyrischen Stämme zurück

7. Jh. n. Chr. Slawen dringen in die als *Duklja* bezeichnete römische Provinz ein. Unter byzantinischer Herrschaft bildet sich das montenegrinische Fürstentum Zeta heraus

15.–18. Jh. Herrschaft Venedigs über die Küstenstädte Kotor, Ulcinj, Budva und Bar

1815–1918 Das Habsburger Reich kontrolliert Teile des Küstenstreifens

1878 Auf dem Berliner Kongress wird Montenegro als souveräner, unabhängiger Staat anerkannt

1918 Mit der Niederlage im Ersten Weltkrieg endet auch die Unabhängigkeit. Montenegro wird dem neuen Königreich Sloweniens, Kroatiens und Serbiens eingegliedert

Zweiter Weltkrieg 1941 beginnt die Okkupation Montenegros durch italienische Truppen. Unter der Führung von Milovan Đjilas schließen sich die montenegrinischen Partisanen Titos Aufstand gegen die Besatzungsmächte an. 1944 wird Montenegro befreit

1992 Nach Beginn der Balkankriege und der Abspaltung Kroatiens, Sloweniens, Bosniens und Mazedoniens wird die Bundesrepublik Jugoslawien ausgerufen, bestehend aus Serbien und Montenegro

2006 Unabhängigkeit: Montenegro tritt aus dem Staatenbund Serbien-Montenegro aus

2009 Neuwahlen am 29. März

werden. Der Berliner Kongress erkannte 1878 das Königreich Montenegro als souveränen Staat an. *Crna Gora* blieb bis 1918 unabhängig, doch die proserbischen Kräfte siegten, als das erste Königreich der Slowenen, Kroaten und Serben ausgerufen wurde. Auch 1945, als Tito die Sozialistische Föderative Republik Jugoslawien ins Leben rief, war Montenegro dabei. Wirtschaftlich aber rangierte das Land immer am unteren Ende der sechs jugoslawischen Republiken. Viele verließen das Land und gingen auf Arbeitssuche nach Europa oder in die USA. Erst in den 1960er-Jahren wurde Montenegro als Touristenland entdeckt. Von da an ging es aufwärts. Jeder, der ein Bett frei hatte, vermietete es an Touristen; überall entstanden Hotelanlagen mit „betörendem sozialistischen Charme“. Sveti Stefan, das in Stein gehauene Fischerinselchen, wurde zur exklusiven Oase für Prominente wie Sophia Loren, Claudia Schiffer oder Michael Douglas.

Der Aufschwung währte jedoch nicht lange. Die Jugoslawienkriege während der 1990er-Jahre legten die gesamte Wirtschaft lahm. Zu Kampfhandlungen im Land selbst kam es nicht, doch bombardierten die montenegrinischen Einheiten der jugoslawischen Armee die kroatische Stadt Dubrovnik. Auch sonst litt Montenegro an der allgemein unsicheren politischen Lage auf dem Balkan: Das beliebte Reiseziel der Europäer war nicht mehr gefragt. Hotels und Pensionen verrotteten, neue Armut brach über das Land hinein, das auf den Tourismus angewiesen war. Vor allem junge Akademiker wanderten aus, um im Ausland Arbeit zu finden.

Der Staatenbund mit Serbien erschienen vielen als Hindernis auf dem Wege zur EU. Milo Đukanović, der junge Premier, tat alles, um sich von

Über 40 Fischarten leben im Skutarisee: Das freut auch die Fischer

Serbien abzusetzen: 2002 führte er den Euro als Währung ein, erstellte Grenzen innerhalb des Staats Serbien-Montenegro. 2006 beschlossen

> *Weltoffenheit und Gastfreundschaft*

die Montenegriner per Volksentscheid die Trennung von Serbien: Ein neuer europäischer Staat war geboren. Trotzdem scheint der Weg in die EU noch immer nicht geebnet zu sein. Ob Montenegro in einem „Balkan-Paket“ in die Europäische Union aufgenommen wird oder ob das Land früher als seine Nachbarn die Mitgliedschaft bekommt, das werden die kommenden Jahre zeigen.

Doch auch ohne EU-Mitgliedschaft ist Montenegro im 21. Jh. angekommen: Ein „Monaco des Ostens“ soll das Land werden, ausländische Investoren bauen um die Wette, Luxushotels, Spa und Wellness sind Begriffe der neuen Zeit im Balkanland. Noch gibt es unberührte Landschaften, wie man sie selten in Europa findet, eine Entdeckungsreise lohnt. Und: Die Hilfsbereitschaft und Gastfreundschaft der 620 000 Montenegriner ist sprichwörtlich.

WAS IST ANGESAGT?

Trends, Entdeckungen und Hotspots! Unser Szene-Scout zeigt Ihnen, was in Montenegro los ist

Ivan Ivanovic
liebt seine Heimat Montenegro. Er ist überzeugt, dass die Region momentan noch unterschätzt wird. Deswegen hält er die Augen auf der Suche nach den neuesten Trends stets offen. Was er sieht, beeindruckt ihn: eine lebendige Kunstszene, flippige Nightlifelocations und eine starke Begeisterungsfähigkeit – zum Beispiel für den neuen Nationalsport Wasserball.

OFFROAD

Abenteuer abseits geteerter Straßen und trotzdem umweltfreundlich

Offroader können in Montenegro – dank ausgewiesener Strecken – abenteuerliche Gebirgslandschaften und wilde Pfade entdecken, ohne der Natur Schaden zuzufügen. Fahrspaß und Natur pur bietet z. B. *Discovery Tours* an *(Bracana Bracanovica 17, Podgorica, www.discovery-tours.cg.yu)*. Der Outdoorveranstalter *Explorer* kombiniert Jeepsafaris mit Ausritten und Wanderungen. Übernachtet wird stilecht im Zelt *(Mojkovačka bb, Kolašin, www.montenegroexplorer.cg.yu)*. Zuschauen oder selber fahren ist bei der *Montenegro Trophy* im Krnovo-Gebirge angesagt. Bei der Offroadrallye müssen die Fahrer einerseits einen Orientierungsteil, andererseits einen Geschicklichkeitsteil absolvieren *(Nikšić, www.monttrophy.cg.yu,* Foto)!

CONTEMPORARY ARTS

Jenseits des Realismus

Montenegro kümmert sich intensiv um seine Nachwuchskünstler. An der *Univerzitet Crne Gore* in Podgorica lernen junge Talente in den Bereichen Malerei und Bildhauerei nicht nur die Grundlagen, sondern auch, aktuelle Themen und eigene Erfahrungen in ihre Kunstwerke einfließen zu lassen *(Džordža Vašingtona bb, www.ucg.cg.ac.yu)*. Shootingstar der montenegrinischen Künstler ist Igor Rakcevic, der u. a. moderne Kunst mit alltäglichen Gegenständen erschafft – wie z. B. *Spinning bottles:* Plastikflaschen, die sich windradähnlich an einer Schnur entlangdrehen *(www.rakcevic.com,* Foto*)*. Ebenso beeindruckend sind die dreidimensionalen Reliefs und Holz- oder Metallskulpturen von Ivanka Prelevic *(vanaprelevic.com)*. Interessierte überzeugen sich z. B. in der *Gallery Spinnaker* von den Werken montenegrinischer Nachwuchskünstler *(ul. Sveta Bubala 2, Herceg Novi, www.spinnaker.cg.yu)*.

KUNST AUF DEM LAUFSTEG

Mode: jung und wild

Junge montenegrinische Designer toben sich am liebsten auf den Laufstegen aus und verwandeln Models in wandelnde Kunstwerke. Die Modelagentur *Model's Team Montenegro* organisiert u. a. das *Jana Fashion Weekend (Budva)* im Juni *(www.montenegro fashionfestival.com,* Foto*)*. Auf der *MNE Fashion Week* in Podgorica stelzen Models z. B. in aufwendigen Barockroben von Branka Djuraskovic über den Catwalk *(www.davorsladakovic.com)*. In der Boutique *P.S.fashion* verkauft Sladjana Pantovic ihre Kollektionen *(Hercegovcka bulevar 52, Podgorica, www.ps.co.yu)*.

GROSSES KINO

Aktive Filmszene

Wie denn jetzt am besten? Hollywood nach Montenegro oder Montenegro nach Hollywood? Bisher traf wohl eher die erste Variante zu, denn in den „Schwarzen Bergen" wurden bereits Blockbuster wie James Bond *Casino Royale* gedreht. Und auch Brad Pitt hat es schon für einen Filmdreh hierher verschlagen. Jetzt zeigen die Einheimischen ihr Können und lassen die montenegrinische Filmszene aufblühen. So konnte z. B. Kameramann Bojan Bazelli beim alljährlichen Filmfest in Herceg Novi mit seinen Arbeiten überzeugen und staubte internationale Aufträge ab *(www.hercegfest.cg.yu)*. Auch in anderen Bereichen wird fleißig gefilmt. Das *Sub Aqua*-Fest in Kotor organisiert der Tauchclub *Aquanaut*. Filme von Unterwasserwelten beeindrucken dabei durch faszinierende Bilder *(www.aquanaut.cg.yu)*. Filmfans kommen das ganze Jahr über im neuen *Delta City Kino* auf ihre Kosten *(Bulevar Revolucije 62, Podgorica, www.deltayu.com)*.

ARCHITEKTUR ...

... in Einklang mit der Natur

Bauboom in Montenegro – dabei achten die Investoren und Architekten darauf, dass Natur und Design harmonieren und der ökologische Charakter in den Vordergrund rückt. So baut der österreichische Architekt Daniel Fügenschuh *(www.fuegenschuh.at)* in Podgorica unter anderem das *UN Eco Building*, das sich flach wie eine Flunder in die Landschaft schmiegt. Das Gebäude wird das erste vollständig umweltfreundliche UN-Hauptquartier der Welt sein *(www.un-ecobuilding.info)*. Die ursprüngliche Umgebung inspirierte die Kreativen bei der Planung der *Seagarden Premium-Residenz*-Anlage *(Kotor, an der Bucht Boka Kotorska, www.seagarden-residences.com*, Foto*)*. Das Architekturbüro *Studio K* aus Podgorica setzt das Eco-Prinzip in der Wohnanlage *Mimosa Park* um *(Kumbor, www.montenegropropertiesonline.com)*.

HEIMATSOUND

So klingt Montenegro

Um ihrem Land treu zu bleiben, sich aber trotzdem von der heimischen Volksmusik abzugrenzen, haben junge Musiker einen Kompromiss geschlossen: Zu modernen Sounds singen sie in ihrer Landessprache. Die Rockband *Perper* aus Cetinje macht es vor und zeigt, dass das neue Konzept aufgeht. Bei ihren Konzerten füllen sie die Hallen der größten Städte Montenegros *(www.perper.cg.yu,* Foto). Auch Popsänger Bojan Marovic drückt seine Gefühle am liebsten in seiner Muttersprache aus *(www.myspace.com/bojan003)*. Beim *Sunčane Skale Musikfestival (Podgorica, www.suncaneskale.org)* oder in der Disko *Mondial (Stanka Dragojevica 26 B,Podgorica)* erlebt man die Musiker live.

UNTER PALMEN

Open-Air-Bars machen Laune

Beachbars mit Strohdach und Robinson Crusoe Flair erobern die Küste Budvas. Der Club *Trocadero Red* versteht es, seinen Gästen Karibikfeeling unter freiem Himmel zu vermitteln *(Slovenska Obala bb, www.budva.com/trocaderored)*. Unter dem Motto Openair läuft auch der kleine, aber feine *Ocaso Beach Club*, der direkt am Ocaso Strand liegt. Livebands sorgen für die richtige Stimmung *(www.budva.com/ocaso/index-en.htm)*. Die *Hacienda Bar* befindet sich mitten in der Altstadt und trotzdem herrscht hier dank Strohdach und Palmen Beachatmosphäre *(Mediteranska bb, Budva, www.haciendabarbudva.com)*!

NASSE ANGELEGENHEIT

Neuer Nationalsport: Wasserball

Durch die internationalen Erfolge der montenegrinischen Wasserballnationalmannschaft ist das ganze Land diesem Sport verfallen. Tausende von Fans drängen in die Hallen, wenn die nationalen Meisterschaften in Kotor oder Budva ausgetragen werden. FC Bayern unter den Vereinen ist *VK Jadran (Partizanski put 1, Herceg Novi, www.jadran.cg.yu)*. Um die Organisation der Spiele kümmert sich *VPS Montenegro (www.wpolomne.org,* Foto). Der Verband leitet u. a. die Nationalmannschaft, zu der erstklassige Spieler wie Mladjan Janović vom *VK Primorac (Kotor, www.vkprimorac.com)* gehören.

> BLICK ZURÜCK NACH VORN

Auf dem Weg in die Europäische Union
bleibt Montenegro seiner Vergangenheit treu

CRNA GORA

Kaum jemand im Westen kennt den wahren Namen des Landes: Crna gora – der Schwarze Wald. Das ist zwar die genaue Übersetzung des Worts Montenegro, doch werden im Land Diskussionen darüber geführt, was wichtiger ist: ein Name, den es seit über 500 Jahren gibt, den aber kaum ein Ausländer auszusprechen weiß, oder ein Name, den die Welt kennt. Zumindest die offizielle Touristenorganisation hat sich für den werbewirksameren Namen Montenegro entschieden.

HABSBURGER

Die alte österreichisch-ungarische Botschaft in Cetinje ist vielleicht der deutlichste Ausdruck von mehr als 100 Jahren glanzvoller Herrschaft der Doppelmonarchie in Montene-

Bild: Präsidentenpalast in Cetinje

STICH WORTE

gro. Oder, genauer: in Teilen Montenegros. Denn auf dem Wiener Kongress 1815 wurde dem Habsburger Reich nur das Gebiet um die Bucht von Kotor bis südlich von Budva zugestanden. Zu Beginn des 19. Jhs. hatte das österreichisch-ungarische Gebiet schon einmal kurze Zeit bis Cetinje gereicht, ehe Russen und dann Franzosen ihre Truppen schickten. Nach der Niederlage Napoleons hielt die Habsburger Herrschaft bis in den Ersten Weltkrieg hinein, weil auch auf dem Berliner Kongress 1878 der Küstenstreifen österreichischer Oberhoheit zugeteilt wurde. Nicht nur architektonische Spuren haben die Habsburger hinterlassen: *palačinka* (Pfannkuchen), *escajg* (Esszeug) und *paradajs* (Tomate) gehören zum alltäglichen Sprachschatz. Heute gehören Österreicher, aber auch Tschechen und Ungarn zu den beliebtesten Gästen in Montenegro.

HELDENTUM & EHRE

Čojstvo i junaštvo – Ehre und Heldentum stehen in der patriarchalischen Gesellschaft von Montenegro seit eh und je an erster Stelle. Denkmäler an jeder Ecke erinnern an frühere Heldentaten. Als die Türken auf dem Balkan herrschten, gelang es ihnen nicht, die Bewohner des bergigen Nordens zu unterwerfen – die Sage von ungebändigten Bergfürsten war geboren. Heute noch weiß jeder Montenegriner, welchem Clan *(pleme)* und welcher Bruderschaft *(bratstvo)* er angehört. Die Clans *Vasojevići, Kuči* und *Piperi* zählen zu den bekanntesten, ein Zusammenhalt innerhalb des Clans ist Gesetz. Der Tag des Familienschutzheiligen ist das größte Fest orthodoxer Montenegriner: Einmal im Jahr wird mit Freunden und Familie ausgiebig gefeiert, nachdem der Pope Haus und Hof gesegnet hat. Dabei ertönen auf dem Volksinstrument *gusle,* einem Streichinstrument mit nur einer Saite, monotone Heldengesänge.

IMMOBILIEN

Der Ausverkauf von Grund und Boden in Montenegro geht mit Riesenschritten voran, die Preise sind explodiert: In besten Lagen zahlt man bis zu 3000 Euro pro Quadratmeter Wohnfläche. Man geht davon aus, dass 1,5 Mio. m^2 im Besitz von Ausländern sind. Vor allem Russen haben das Land für sich entdeckt. Überall werden Luxushotels gebaut, mit Suiten und Helikopterlandeplätzen. Private Edelvillen werden direkt am Strand errichtet, ganze Buchten werden so zu „Russendörfern". Nachdem die Küste fast leergekauft worden ist, wird in den bergigen Norden investiert. Seit 2008 dürfen die ausländischen Grund- oder Immobilienbesitzer ihren Besitz auf eigenen Namen eintragen. Das war bis dahin nicht möglich.

> MILO ĐUKANOVIĆ

Der junge Premier

Gleich zwei Rekorde hält Montenegros Ministerpräsident Milo Đukanović, die ihm so schnell keiner streitig machen dürfte: An seinem 29. Geburtstag trat er 1991 den Posten als Premier an – so jung wie damals kein anderer Regierungschef in Europa. Und im Südosten des Kontinents gibt es niemanden, der sich ähnlich lange an der Macht hält wie der studierte Volkswirt. Zu Beginn seiner Politkarriere stand Đukanović stramm an der Seite von Serbiens nationalistischem Präsidenten Slobodan Milošević und unterstützte dessen Kriegspolitik in Kroatien und Bosnien. Erst 1997 vollzog er den Bruch mit dem politischen Ziehvater und wandte sich dem Westen zu. Seitdem setzt er auf eine langsame Abspaltung Montenegros von Serbien, die sich bislang vor allem wirtschafts- und währungspolitisch niederschlägt. Seinen großen Traum, das Land in die Unabhängigkeit zu führen, konnte er 2006 verwirklichen.

NJEGOŠ, DICHTERFÜRST

Straßen, Schinken, Käse und vieles mehr sind nach ihm benannt: Petar II. Petrović Njegoš (1813–51) ist die vielleicht facettenreichste Persönlichkeit der montenegrinischen Geschichte. Der früh an Tuberkulose gestorbene Bischof und Fürst reformierte nicht nur das marode, in überholten Clanstrukturen verhaftete politische System des Kleinstaats – und brachte das Land so näher an Europa. Auch der südslawischen Literatur setzte er mit dem „Bergkranz" *(Gorski Vjenac)* ein Denkmal, das bis zum Beginn der Balkankriege Pflichtlektüre in ganz Jugoslawien war. Thema: der heldenhafte Befreiungskampf seines Vorvorgängers Danilo I. gegen die Türken und – Kehrseite der Medaille – die Ermordung Tausender zum Islam Konvertierter. Viele der Volksdichtung entlehnte Verse schrieb Njegoš im „Bergkranz" zum ersten Mal auf, was die Vereinheitlichung der Schriftsprache entscheidend voranbrachte. Leseprobe: „Im Guten ist's ein Leichtes, gut zu sein/doch in der Not erkennt man erst den Helden."

Seine letzte Ruhestätte fand Njegoš in einem überdimensionierten Mausoleum auf dem Lovćen, dem von Küste wie Hochland gleichermaßen sichtbaren „Olymp" Montenegros.

ÖKOSTAAT

Der Ökologische Staat Montenegro, der 1991 ausgerufen wurde, besteht – so die Kritiker – nur auf dem Papier. 2008 wurde zwar eine Ökotaxe für alle einreisenden PKWs eingeführt, die Umweltschutzprojekte fördern soll, doch die rasante Bebauung des

Im Mausoleum auf dem Lovćen

kleinen Lands hat wenig mit Umweltschutz zu tun. Der Wasserverbrauch in riesigen Hotelresorts an der Küste führt jedes Jahr im Sommer zu Wassermangel, der Stau an der Küstenstraße ist manchmal kilometerlang. Tatsächlich wird mit aller Kraft an diesen neuralgischen Punkten gearbeitet, Straßen werden gebaut, die Wasserversorgung verbessert, doch gilt auch hier: Der Umweltschutz bleibt dabei auf der Strecke. Die Bebauung der Halbinsel Luštica steht bevor, und in naher Zukunft sollen die majestätischen Berge Durmitor

Vergleichsweise günstig ist die Miete eines „klassischen" Platzes: Liege und Sonnenschirm

und Bjelasica erschlossen werden. Die *NGO Most* („Die Brücke"), *www.ngo-most.org,* verlangt, dass der Skutarisee, Durmitor und Lovćen per Gesetz geschützt werden.

SPRACHE

Nach der Gründung des neuen Staats wurde per Verfassung die montenegrinische Sprache als Landessprache eingeführt. Bis dahin hieß die Sprache Serbisch, und tatsächlich sind zwischen diesen nun zwei Sprachen winzige grammatikalische oder wörtliche Unterschiede vorhanden. Zum Beispiel heißt hier der Fluss *rijeka* statt *reka* in Serbien, die Welt *svijet* statt *svet* oder morgen *sjutra* statt *sutra.* Die serbische Variante bleibt aber als Minderheitensprache weiterhin erhalten. *Dobar dan,* guten Tag, und *hvala,* danke, heißen in beiden Sprachen gleich. Nicht nur das: Serben, Kroaten, Bosnier und Montenegriner verstehen sich mühelos, egal, wie nun ihre Sprachen heißen. Im Süden und Nordosten von Montenegro wird auch Albanisch gesprochen, die Ausschilderung ist zweisprachig, wie zum Beispiel *Ulcinj* und *Ulqin.*

STRANDLEBEN

Die 270 km lange montenegrinische Küste hat es in sich: Zwischen der kroatischen und albanischen Grenze reihen sich 170 Strände wie Perlen aneinander. Für Familien mit Kindern besonders geeignet ist die Vielzahl der Kies- und Sandstrände zwischen Budva und Ulcinj. Felsen und tiefes Wasser findet man eher in der Bucht von Kotor. Viele kleine Buchten sind nur von der Wasserseite erreichbar.

Die Zeiten, als das Wasser der Adria an der montenegrinischen Küste so klar und sauber war, dass man tief unten den Grund des Meers sehen konnte, sind allerdings längst vorbei: Die rasante Entwicklung des Tourismus seit Mitte des 20. Jhs. bescherte der Küste reihenweise Hotels und Hotelanlagen. Die Hotelburgen, heute noch zu sehen, verschandelten die Landschaft und verschmutzten das Wasser. Denn die Abwässerkanäle waren in der unmittelbaren Nähe der Hotels angelegt worden und führten alle direkt ins Meer. Deshalb ist es kein Wunder, dass von 170 offiziellen Stränden an der montenegrinischen Küste nur 18 das begehrte Siegel „Blaue Flagge" erhalten haben *(Informationen unter www.blueflag.org/blueflag)*.

Doch Montenegros Küste besteht nicht nur aus offiziellen Stränden, vielmehr warten überall wunderbar versteckte Buchten darauf, entdeckt zu werden. Leider sind manche nur auf dem Wasserweg zu erreichen, sodass von größeren Städten wie Budva oder Herceg Novi viele Boote ständig an die sauberen Strände der Region fahren.

Das Strandleben ist in Montenegro kostenpflichtig – und oft richtig teuer. In der Bucht von Kotor oder im Bereich der Stadt Budva werden neuerdings *living-rooms* am Strand angeboten: Dicke Sessel, ein Kühlschrank und sogar ein Plasmafernseher, alles unter einem weißen Baldachin, warten auf betuchte Gäste, die bereit sind, bis zu 100 Euro pro Tag für ein Wohnzimmer am Strand zu bezahlen.

ZIGARETTEN

Raucher können sich freuen: So billig wie zwischen Budva und Berane gibt es die Glimmstängel in Deutschland schon lange nicht mehr. Meist fehlt bei den bekannteren Marken allerdings die Steuerbanderole. Wegen angeblicher Zusammenarbeit mit der Zigarettenmafia ermittelte die italienische Justiz deshalb sogar gegen Premierminister Milo Đukanović – bis heute ohne Erfolg.

FESTE FÜR JEDEN GESCHMACK

Karneval, Prozessionen, kulturelle Ereignisse: In Montenegro gibt es viele Anlässe zum Feiern

> Glückliche Montenegriner! Alle Feiertage der großen Religionsgruppen (Muslime, orthodoxe und katholische Christen) sind arbeitsfrei.
Der Sommer gehört Kunst und Kultur, vor allem an der Küste werden unzählige Festivals organisiert. In Jaz bei Budva haben schon die Rolling Stones und Madonna gesungen. Unbedingt vor Ort fragen oder unter *www.montenegro.travel* stöbern!

FEIERTAGE

1./2. Jan. *(Neujahr);* **7./8. Jan.** *(orthodoxe Weihnachten);* **Karfreitag, Ostersonntag, Ostermontag** *(bewegliche Feiertage);* **1./2. Mai** *(Tag der Arbeit);* **21. Mai** *(Tag der Unabhängigkeit);* **13. Juli** *(Tag der Staatsgründung);* **ab 20. Sept. 2009/9. Sept. 2010** *(drei bewegliche Feiertage zum Bajram-Fest am Ende des Fastenmonats Ramadan);* **24./25. Dez.** *(katholische Weihnachten)*

FESTE UND VERANSTALTUNGEN

Januar/Februar
Viele Feiertage der orthodoxen Kirche, die in Kirchen und auf städtischen Plätzen mit viel liturgischem Gesang und farbenfrohen Prozessionen gefeiert werden.

Februar
In der *Karnevalszeit:* Maskenbälle und bunte Prozessionen entlang der Küste

Februar/März
Mimosenfest in Herceg Novi: buntes Treiben zu Ehren der ersten Mimoseblüten an der Uferpromenade. Der ankommende Frühling wird feierlich begrüßt.
März
Auf den Spuren des Königs Nikola: Internationales Fahrradrennen durch Berg und Tal, in mehreren Etappen.

April
Der Palmsonntag *(Vrbica)* ist vor allem bei den Orthodoxen ein Kinderfest:

> EVENTS FESTE & MEHR

Kränze aus Palmzweigen werden geflochten und getragen, mit einer kleinen Glocke wird geklingelt, die Popen segnen mit Weihrauch, während die Prozession um die Kirche geht.

Mai

Freeclimber klettern an den steilen Kliffs von Kotor und Nikšić um die Wette beim *Montenegro Cup.*
Motorradfestival in Sutomore
Raftingregatta am Fluss Lim
Eine ▶▶ *World Powerboat Championship* findet nun nicht nur in Dubai statt, sondern auch in Budva.

Juni

Der Duft der Linden und des Honigs weht in Cetinje bei der jährlichen *Ausstellung der Imker.*
Das Festival *Mediteranska pjesma* feiert das mediterrane Liedgut in Budva.

Juli

Fašinada – eine Prozession der anderen Art: Mit Fackeln bestückte Ruderboote fahren von Perast zur kleinen Insel Gospa od Škrpelja.
Grad-teater: Die ganze Stadt Budva wird zur Bühne; Ballett, Chorabende, Theatervorstellungen mit internationaler Beteiligung.

August

Sommerkarneval in Kotor und Petrovac

Insider Tipp

▶▶ *Techno- & House-Festival* in der Disko Maximus in Kotor

September

Jazzfestival in Petrovac

Oktober

Halloween in Budva: Hexen und Nixen haben einen Tag lang das Sagen.

November

Susreti pod starom maslinom: In der Nähe von Bar zeigen Kinder ihre Werke zum Thema „Olive, Frieden, Freundschaft".

> VIELFALT VON FISCH BIS WILD

Leichte mediterrane Kost bekommen Sie an der Küste – Deftiges von Feld und Hof in den Bergen

> Ein Streifzug durch die kulinarischen Landschaften des Kleinstaats kommt an den mediterranen Spezialitäten der Küstenstädtchen nicht vorbei, wo Fisch *(ribe)* überall die Speisekarten ziert – *na žaru* (vom Grill), *lešo* (gekocht) oder als *brodet* (Eintopf).

Aber auch fangfrisch zubereiteter Meeresfrüchtesalat *(riblja salata)*, gefüllter Tintenfisch vom Grill *(punjeni lignji na žaru)* oder in einem Sud aus Weißwein, Petersilie und Olivenöl gegarte Muscheln *(mušule buzara)* müssen die Konkurrenz der italienischen Köche auf der anderen Seite der Adria nicht scheuen. Fast sämtliche Restaurants in Budva, Herceg Novi oder Risan bieten Risotto *(rižot)* an – serviert mit Tintenfisch, Meeresfrüchten oder Scampi. Pasta und Pizza in allen Varianten finden Sie nicht nur in den Hafenstädten: Bis in die Höhen des Durmitor-Gebirges ganz im Norden hat Italiens

ESSEN & TRINKEN

Küche gastronomische Spuren hinterlassen.

Zwischen Küste und Bergen liegt die zweite, stark vom Fischreichtum des Skutarisees geprägte kulinarische Region Montenegros: Aale, Karpfen und Ukeleie kommen hier auf den Tisch, gegrillt, getrocknet, gekocht oder geräuchert. Serviert mit Dörrpflaumen, Äpfeln und Quitten, stellt Karpfen aus der Pfanne *(krap u tavu)* eine leckere Besonderheit dar, die Sie auch in den Gaststätten der Hauptstadt genießen können.

Von Forellen *(pastrmka)* vielleicht abgesehen, endet in Podgorica die Hoheit der Fische in Pfanne und Kochtopf. Fleisch überwiegt – dementsprechend deftig gestaltet sich die Küche in den höheren Gefilden um Kolašin, Žabljak und Nikšić. Was Weiden und Höfe hergeben, gelangt hier auf den Teller – hochwertige natürliche Zutaten, bei denen nicht nur

Biokostfreunde voll auf ihre Kosten kommen. Unbedingt probieren sollten Sie einmal unter dem mit Glut bedeckten Glockendeckel *sač* gegartes Lammfleisch in einer der traditionellen, runden Holzhütten *(savardak)* – samt der käsigen Polenta *kačamak*. Der *njeguški pršut* (lufgetrockneter Schinken) und der Käse *njeguški sir* (erinnert an Ricotta) stammen aus dem gleichnamigen Dorf Njeguši, das, auf dem Weg nach Cetinje, oberhalb von Kotor liegt. In kleinen, familienbetriebenen *konobas* werden diese Köstlichkeiten entlang der Straße angeboten. Eine dicke

> SPEZIALITÄTEN

Genießen Sie die typisch montenegrinische Küche!

SPEISEN

balšića tava – mit einer Sauce aus Eiern, Milch und Sahne überbackene Kalbfleischstreifen

bokeljski brodet – Fischeintopf aus Sprotten, Sardellen oder ähnlichem Blaufisch, in einem Sud aus Zwiebeln, Weißwein, Olivenöl, Petersilie und Knoblauch gegart

brodet – aus mehreren Fischsorten zubereiteter, mit Polenta servierter Eintopf, an der Küste sehr beliebt

crni rižot – von Tintenfischtinte schwarz gefärbter Risotto

imam bajeldi – gebratene Auberginenstücke mit Tomaten-Knoblauch-Zwiebel-Mischung

jagnjetina u mlijeku – Lammfleisch in Milch

kačamak – die montenegrinische Polenta, wie ihr italienisches Pendant aus Maismehl fabriziert

kajmak – Käse aus frischem, geschichtetem Rahm (Foto)

krap u tavu – Karpfen aus der Pfanne

njeguška šnicla – paniertes, mit *kajmak,* Schinken und Schafskäse gefülltes Schweineschnitzel

paštrovski makaruli – aus Vollkornweizenmehl hergestellte Nudeln, die mit Olivenöl und in Salzlake aufbewahrtem Käse serviert werden

pastrmka u kiselom mlijeku – Forelle in Joghurt; wird kalt gegessen

priganice – Weizenmehlspeise, die in Öl frittiert und als Vorspeise mit Honig serviert wird

riblja juha – Fischsuppe

rižot – in Brühe gekochter Reis, der mit verschiedenen Zutaten wie Pilzen, Muscheln oder Tintenfisch zubereitet werden kann

sir u ulju – in Öl eingelegter Schafskäse

GETRÄNKE

Krstač – vollmundiger, trockener Weißwein

loza – Traubenschnaps

šljivovica – Pflaumenschnaps

Scheibe Brot, das jede Familie nach eigenem Rezept im Holzofen backt, ein Glas *medovina* (altslawisches Honiggetränk) dazu, der einmaliger Blick auf den Hausberg Lovćen, das ist ein Muss.

Ohne montenegrinische *pita* probiert zu haben, darf man das Land nicht verlassen: Jufka-Blätter werden mit Käse *(sirnica),* mit Spinat *(zeljanica)* oder mit Fleisch *(burek)* gefüllt und in Bäckereien mit einem Glas Joghurt angeboten.

An heißen Sommertagen reicht manchmal auch ein Salat: das Sommergemüse duftet und schmeckt himmlisch. In *šopska salata* gehören Tomaten, Gurken, Zwiebeln, Paprika und ein Häubchen aus Schafskäse. Auch *kupus salata* ist eine Delikatesse: zum geraspelten Weißkohl werden schwarze Oliven in einer leichten Vinaigrette mit Olivenöl serviert.

Mindestens ebenso beliebt: Hackfleischröllchen *(ćevapi),* Fleischspieße *(ražnjići)* und Hackfleischsteak *(pljeskavica).* Verdünnen Sie die reichhaltigen Gerichte mit einem *Nikšićko pivo* – dem Monopolbier des Landes aus der großen Brauerei in Nikšić –, und ein ganzes Stück der gemächlichen einheimischen Lebensweise wird sich Ihnen eröffnen. Zum Verdauen darf ein Tässchen Espresso oder türkischer Kaffee nicht fehlen, in Montenegro einfach nur „Einheimischer" *(domaća kafa)* genannt.

Während der Norden den Pflaumenschnaps *šljivovica* genießt, huldigt die Küste dem *loza,* dem montenegrinischen Grappa, (ab 45 Prozent aufwärts). Beide Schnäpse werden in ganz Montenegro angeboten, mittlerweile gibt es viele kleine Betriebe, die hervorragenden Schnäpse herstellen. Sowohl *loza* als auch *šljivovica* werden oft zum Mokka oder Espresso getrunken. Dazu wird außerdem immer ein Glas stilles Mineralwasser serviert. Übrigens: kein Leitungswasser trinken, lieber mit einem Glas Mineralwasser oder Saft den Durst stillen.

Landestypische Köstlichkeiten: prijatno!

Die Weingebiete liegen zwar nur im Süden, doch Sie erhalten ihn überall. Zu den einheimischen Sorten *vranac* (rot) und *krstač* (weiß) bekommt man mittlerweile auch einen hervorragenden einheimischen Chardonay oder Cabernet Sauvignon. Na dann: einen guten Appetit *(prijatno)* und Prost *(Živjeli)!*

SCHMACKHAFTES UND MODISCHES

Fruchtige Weine und luftige Sommerkleider bewahren das Urlaubsgefühl bis nach der Heimkehr

> Über „das Euroländle" spotteten die Serben, als die jugoslawische Währung, der Dinar, über Nacht aus Montenegro verschwandt. 2002 wurde der Euro eingeführt und gilt heute noch als Zahlungsmittel, obwohl Montenegro nicht in der Europäischen Union ist. Der Euro ist auch hier zum Teuro geworden, aufpassen: Montenegro ist nicht billig.

CDS UND DVDS

Filme und TV-Serien gibt es zu Spottpreisen, allerdings in Englisch und meistens als Raubkopien. Für ausländische Musikalben gilt das gleiche. Balkanmusik von Goran Bregović und Boban Marković ist günstiger als im Ausland.

IKONEN

Die orthodoxen Heiligenbilder als Souvenirs bekommen Sie nicht nur auf den Märkten, sondern auch in den klösterlichen Souvenirshops. Sie kosten nicht viel, sind auch nicht viel wert, sehen aber bunt und hübsch aus. Wenn „richtig alte" Ikonen angeboten werden: Vorsicht; sie sind teuer und meistens gefälscht.

KLEIDUNG

Boutiquen in Glas und Marmor bieten das Feinste der Welt an, etwas billiger als in Deutschland. Italienische Mode und Schuhe gelten in Montenegro als trendy.

LEBENSMITTEL

Sämtliche Käsesorten (Ziegenkäse, Schafskäse) sowie der luftgetrocknete Schinken (Vorsicht, sehr salzig!) kommen direkt vom Erzeuger, kosten weniger als zu Hause und sind lecker. Am besten auf den Bauernmärkten, im Supermarkt oder vor Ort (z. B. in Njeguši) kaufen. Lebensmittel dürfen nicht nach Hause mitgenommen werden!

MÄRKTE

Bunt, laut, preiswert, – das zeichnet Märkte aus, die an fast jeder Ecke in

> EINKAUFEN

Montenegro zu finden sind. Fernost lässt grüßen, denn da kommen viele der angebotenen Waren her. Fälschungen der Designermarken sind allgegenwärtig. Es lässt sich gut stöbern und handeln in der Hitze, die Auswahl ist groß: günstige Klamotten aus Viskose und Baumwolle, Hüte aus Stoff und Leder, geflochten und gehäkelt. Souvenirs aus Muscheln und Holz, die kreative Ader ist hier gut zu spüren: ob Broschen oder Bierkrüge, alles ist mit Muscheln beklebt. Ikonen und das Nationalinstrument gusle stehen in Reih und Glied auf klapprigen Tischen. Ein Spaziergang lohnt immer, die Auswahl ist riesig.
An dafür gekennzeichneten Plätzen findet man in jedem Städtchen Bauernmärkte, auf denen Produkte des Landes angeboten werden. Der schönste ist der Bauernmarkt in Kotor, direkt am Meer, vor der Stadtmauer. Unmengen von Blumen, Obst und Gemüse, frische Fische, dicke Schinken, Honig und Olivenöl, Lorbeerblätter und getrockneter Rosmarin reizen alle Sinne, die Farbenpracht duftet auch noch himmlisch. Die Krönung: bepackt mit Tüten einen Espresso in der Bar an der Ecke schlürfen und die edlen Kreuzfahrtriesen im Hafen begucken.
Obst und Gemüse sind fast so teuer wie in Deutschland, jedoch duften hier Tomaten noch immer nach Tomaten, und Paprika kann man roh essen.

WEIN & SPIRITUOSEN

Medovina (Met, wird hier als altslawisches Getränk angeboten) sollten Sie am besten beim Bauer kaufen, Wein und Schnaps entweder beim Winzer direkt, oder im Supermarkt. Wer Schnaps auf dem Markt kaufen möchte, sollte sich von einem einheimischen Freund beraten lassen.

SILBERSCHMUCK

Wer filigrane Arbeiten der lokalen Silberschmiede mag, findet eine Menge Silberketten, Ringe und Armbänder sehr günstig, vor allem in Ulcinj.

> SPAZIERGANG DURCH DIE GESCHICHTE

Im einzigen Fjord Südeuropas kommen Kulturfans und Naturfreunde gleichermaßen auf ihre Kosten

> Von wo Sie auch kommen mögen: Die Bucht von Kotor *(Boka Kotorska)* mit ihren vier tief in das Festland eingeschnittenen Becken bietet schon beim ersten Anblick ein unvergessliches Panorama.

Ob kurz vor der Landung auf dem Flughafen von Tivat oder auf der atemberaubenden Serpentinenabfahrt vom montenegrinischen Olymp, dem Lovćen, nach Kotor: Nirgendwo anders in Montenegro treffen steile Felswände und die grün glitzernde Adria so unmittelbar aufeinander wie hier. Harmonisch eingebettet in das Naturschauspiel sind die menschlichen Meisterwerke: Von oben glänzen die kleinen Kircheninseln vor Perast, *Sveti Đorđe* und *Gospa od Škrpjela* (Frau vom Felsen), im Wasser wie Kieselsteine in einer Pfütze.

Über Jahrhunderte hinweg bot die 28 km ins Inland hineinreichende *Boka Kotorska* – die Montenegriner nennen sie einfach nur *Boka* – See-

Bild: Kotor

DIE BUCHT VON KOTOR

fahrern Zuflucht vor der offenen Adria. Eine Geschichte der Eigenständigkeit, auf die die *Bokelji* noch heute stolz sind. Wegen ihrer Segelkünste ließ die venezianische Republik Sankt Marko die Flotte von Kotor unter ihrer Flagge gegen die türkischen Eroberer antreten; Zar Peter der Große heuerte die berühmtesten Seeleute der Gegend an, um die Fertigkeit seiner eigenen Kapitäne auf Vordermann zu bringen. Auf einer Bootstour durch die Bucht können Sie den einzigartigen Charme dieses Fjords des Südens hautnah einfangen – und den Kircheninseln vor Perast oder dem alten Seegefängnis Mamula vor Herceg Novi einen Besuch abstatten. Über Jahrhunderte Schnittstelle zwischen Ost und West, zwischen Venedig und Konstantinopel, Wien, Paris und Moskau, haben all die fremden Mächte den kosmopolitischen Geist der *Boka* um ganz eigene Facetten angereichert. Vorbei an Palmen, kleinen Stränden und alten Steinhäusern führt die Uferstraße 70 km lang von Herceg Novi bis Tivat, neben Kotor die beiden größten Städte an der Bucht.

An der Meerenge *Verige,* zwischen *Kamenari* und *Lepetani,* verkehrt das ganze Jahr über eine Fähre, sodass man schnell von der mit einem einzigartigen architektonischen Ensemble versehenen Altstadt von Kotor in die Blumenstadt Herceg Novi kommt.

Eingerahmt vom Orjen-Gebirge im Westen und dem Lovćen im Osten, lockte die *Boka* Herrscherfamilien und Seeleute seit Frühzeiten an. Zur Ruhe kamen die *Bokelji* deshalb nie: So fiel die Bucht bei der Teilung des Römischen Reichs 395 n. Chr an Westrom, während die übrige montenegrinische Küste an Byzanz ging. Die prägendsten Spuren haben die Venezianer hinterlassen, auch sprachlich und kulinarisch. Cappuccino und Risotto werden Sie hier öfter serviert bekommen als *ćevapčići* und *pite.*

Steile Treppen und Stufenwege führen durch die Altstadt von Herceg Novi

HERCEG NOVI

KARTE IN DER HINTEREN UMSCHLAGKLAPPE

[116 B–C5] ★ **Der jugoslawische Literaturnobelpreisträger Ivo Andrić nannte Herceg Novi (14 000 Ew.) die Stadt des ewigen Grüns, der Sonne und der Promenaden.** Wenn im hohen Norden Montenegros noch eisige Temperaturen herrschen, sprießen in der 1382 vom bosnischen König Tvrtko I. gegründeten, später nach Herzog (Herceg) Stijepana Vukšić benannten Hafenstadt bereits die ersten Blumen. Mit Wein und frischem Fisch wird das jedes Jahr Ende Januar/Anfang Februar zelebriert: Tausende finden sich an der Uferpromenade *(Obala)* zum Mimosenfest ein.

Die berühmten Seefahrer der Stadt brachten von ihren Reisen exotische Pflanzen mit; gepaart mit der Mittelmeerflora entsteht so jedes Frühjahr aufs Neue eine herrliche Blütenpracht. Der architektonische Stilmix von orientalischen Bauten bis Barock gibt dem an einer steilen Böschung gelegenen, mit langen Treppen versehenen Herceg Novi einen Hauch von Eleganz, der Besucher das ganze Jahr über anzieht. Fast 200 Sonnentage im Jahr, die meisten an der Adria, tun ein Übriges.

Vom Kurort *Igalo* im Westen bis nach *Meljine* im Osten streckt sich die Promenade *Šetalište Pet Danica* 7 km an Cafés, Restaurants und Molen vorbei. Sehen und gesehen werden, heißt es hier – mit verspiegelten Sonnenbrillen, den neuesten Handymodellen und Designerklamotten, versteht sich. Die *Obala* bildet das Zentrum der Riviera von Herceg Novi, die von *Njivice* bis *Kamenari* reicht. Im Rücken thront der Hausberg Orjen (1893 m), die Sonne geht über der Halbinsel *Prevlaka* und der von den österreichischen Herrschern gebauten Festungsinsel *Mamula* unter, von der Obala besonders schön zu sehen.

SEHENSWERTES

GALERIJA JOP-BEPO BENKOVIĆ

Die Galerie zeigt moderne Kunst von jungen Talenten aus Serbien und Montenegro. *Tgl. Mai–Sept. 9–22, Okt.–April 9–19 Uhr | Marka Vojnovića 4 | www.rastko.org.yu/rastko-bo/muzej/gal.html | Eintritt frei*

KANLI KULA

Die in der türkischen Zeit entstandene Festung am oberen Ende der Altstadt diente lange als Verteidigungsanlage und Gefängnis. Mit mehr als 1000 Sitzen ist sie heute eine der schönsten Freiluftbühnen an der Adria.

STARI GRAD (ALTSTADT)

Vom *Đurković-Platz,* dem umtriebigen Treffpunkt mit Cafés und Geschäften im Zentrum von Herceg

MARCO POLO HIGHLIGHTS

★ Stari grad (Altstadt)
Zwischen den dicken Stadtmauern von Kotor stecken Jahrhunderte faszinierender Geschichte (Seite 39)

★ Gospa od Škrpjela
Auf Schiffswracks und Steinen erbaut, thront vor Perast die Kirche Frau vom Felsen (Seite 41)

★ Herceg Novi
Die Blumenstadt am Eingang der Bucht hat die meisten Sonnenstunden an der Adria (Seite 32)

★ Perast
Das verträumte Seefahrerstädtchen versetzt Besucher in längst vergangene Zeiten (Seite 42)

Novi, führt eine Treppe durch das Wahrzeichen der Stadt, den 1667 von Sultan Mahmud in Auftrag gegebenen Uhrturm *(Sahat Kula).* Direkt dahinter, auf dem hübschen, von Palfach renovierten Wehrturm am Westende der Stadtmauer von Herceg Novi. Im Sommer werden hier Kinofilme auf einer Großleinwand gezeigt.

Beliebter Treffpunkt in der Altstadt: Trg Đurkovića, der Đurković-Platz

men umsäumten *Herceg-Stjepan-Platz,* steht die 1883 begonnene, erst 1911 fertig gestellte orthodoxe Erzengel-Michael-Kirche *(Sveti Arhanđela Mihaila)* mit romanisch-gotischen und orientalischen Bauelementen. Die Nordfront des Platzes wird gebildet vom Stadtarchiv, an der Südseite befindet sich die 30 000 Bände umfassende Bibliothek.

Lassen Sie sich durch die kleinen Gassen der Altstadt abwärts leiten, und Sie landen direkt am Eingang von *Forte Mare,* dem zwischen dem 14. und 17. Jh. entstandenen, mehr-

TVRĐAVA ŠPANJOLA (SPANISCHE FESTUNG)

Die 1538 von den Spaniern begonnene, später von den Türken fertig gestellte Festung erhebt sich über die Stadt und bietet einen herrlichen Ausblick auf die Bucht und die Halbinsel Prevlaka.

ZAVIČAJNI MUZEJ

Im Regionalmuseum sind auf zwei Etagen archäologische Funde aus der Frühzeit von Herceg Novi ausgestellt, als Illyrer, Griechen und Römer in dieser Region siedelten.

Ein kleiner Bereich in dem vom früheren Bürgermeister Mirka Komnenovića gestifteten Haus ist dem Partisanenkrieg gewidmet. *Di–So 9–20 Uhr | Mirka Komnenovića 9 | Eintritt frei*

ESSEN & TRINKEN

Entlang der *Šetalište Pet Danica* finden Sie viele Pizzerien und Lokale mit gegrilltem Fleisch und Fisch. Aber auch die meisten Strände der Stadt verwandeln sich am Abend in Bars, Kneipen und Diskos *(Infos unter www.hercegnovi.travel).*

BELVEDERE

Bei leckerem Fisch hat man von der Terrasse einen schönen Blick auf die Bucht. *Manastirska 2 | Tel. 031/ 34 63 20 | €€–€€€*

GRADSKA KAFANA

Speisen wie die Bourgeoisie zu Beginn des 19. Jhs. – mit tollem Blick aufs Meer. *Njegoševa 31 | Tel. 031/ 32 10 66 | €€€*

Insider Tipp

KLUB KNJIŽEVNIKA/KUČA IVE ANDRIČA

Im ehemaligen Wohnhaus von Jugoslawiens Literaturnobelpreisträger Ivo Andrić untergebracht. Die Nobelpreisurkunde und einige Buchtitel sind hinter Vitrinen ausgestellt. Fisch, Meeresfrüchte und Gegrilltes. *Njegoševa 65 | Tel. 031/32 17 63 | €€*

RAFAELLO

Eines der besten Restaurants der Stadt, wo die Wellen fast den Eingang umspülen. Probieren Sie *crni rižot,* das schwarze Tintenfischrisotto. *Šetalište Pet Danica | Tel. 031/ 32 32 46 | €€€*

ŠKVER

Fischernetze und Rettungsreifen zieren das Interieur. Frisches aus der Adria, mit Blick auf den Hafen. *Šetalište Pet Danica 34 | Mobiltel. 069/ 42 65 01 | €*

SPORT CAFÉ

Auf einem Dutzend Fernsehern laufen Sportereignisse aus aller Welt, Basketballkörbe und Poster jugoslawischer Sportstars schmücken die Wände. Die Fleischgerichte firmieren hier sportlich als „Champions League“, Fisch läuft unter „Seastars“, Desserts unter „Extra Time“. *Šetalište Pet Danica 34 | Tel. 031/ 32 20 18 | €€*

ÜBERNACHTEN

Über 20 000 Betten in allen Preiskategorien findet man an der Riviera von Herceg Novi. Der Bau neuer Hotels soll in den nächsten Jahren intensiviert werden.

ARNAUT

Kleine Pension, nur drei Minuten von der Fußgängerpromenade entfernt. *14 Zi. | Njegoševa 111 | Tel. 031/32 20 36 | €*

AURORA

Der Filmemacher Emir Kusturica („Schwarze Katze, weißer Kater“) hat das ehrwürdige Hotel Aurora, das direkt an der Promenade liegt, gekauft und geschmackvoll ausgebaut. Im Erdgeschoss befindet sich ein Kinosaal erster Güte, in dem Klassiker in Originalfassung gezeigt werden. *11 Zi. | Šetalište Pet Danica 42 | Tel. 031/32 11 58 | www.hotelaurora.com | €€€*

VILA ALEKSANDER
Sympathisches, mit großzügiger Terrasse ausgestattetes Tophotel mit Kiesstrand direkt unterhalb des Gebäudes. *16 Zi. | Save Kovačevića 64 | Tel./Fax 031/34 58 06 | www.hotelvilaaleksander.com* | €€€

FREIZEIT & SPORT

DAS TRAVEL AGENCY
Organisiert Offroadtouren auf den Orjen, mit Stopp in einem traditionellen Bergdorf. *Save Kovačevića 36 | Tel./Fax 031/38 81 86 | Tagestour etwa 25 Euro inkl. Essen*

GORBIS TRAVEL
Neben privater Zimmervermittlung kümmert sich das Reisebüro um Bootstouren in der Bucht von Kotor und organisiert Tagesausflüge zum Kloster Ostrog in der Nähe von Nikšić sowie nach Dubrovnik und zum Skutarisee. *Njegoševa 64 | Tel./Fax 031/32 20 85 | www.gorbis.com*

Insider Tipp **PAJO BOOTSTOUREN**
Fischpicknicks auf einem der drei Boote, die Besitzer Dušan Sučević selbst restauriert hat, zählen zu den Höhepunkten einer Fahrt durch die *Boka*. Außerdem im Angebot: Ausflüge zu den auf der Halbinsel Luštica gelegenen Stränden, nach Kotor oder Perast, zur Festungsinsel *Mamula* und zur *Blauen Grotte.* Preise je nach Dauer und Teilnehmerzahl zwischen 10 und 30 Euro pro Person. *Im Hafen | Mobiltel. 067/30 09 69*

TENIS CENTAR SBS
Im Frühjahr und Herbst Schauplatz zweier Grand-Prix-Turniere. Platzmiete 7 Euro pro Stunde, bei Flutlicht 10 Euro. Wer Unterricht nehmen will, zahlt 15 Euro pro Stunde für den Trainer, bei Flutlicht 18 Euro. *Šetalište Pet Danica 8 a | Tel. 031/32 40 40*

STRÄNDE

Die schönsten Strände von Herceg Novi, *Žanjice, Mirište, Dobreč* und *Arza,* liegen auf der anderen Seite der Bucht, auf der Halbinsel *Luštica (siehe S. 45)* und sind gut per Boot erreichbar.

Die großen Hotels haben private Betonstrände, ein schöner Sandstrand *(Blatna plaža)* liegt am Westende der Fußgängerpromenade, unterhalb des Instituts Igalo. Insider Tipp Vom Hafen setzen Boote nach *Njivice* über, dort steht der FKK-Strand des Hotel Riviera auch Nichtgästen offen. Wer abseits der Stadt baden will, fährt die kleine Küstenstraße Richtung Bijela entlang: *Zelenika, Kumbor, Đenovići* und *Barošići* verfügen alle über weniger überlaufene Strände als in der Stadt. Wie für alle Strände in der Bucht von Kotor gilt: Weil das Wasser kaum Zufluss vom Meer bekommt, ist es manchmal etwas abgestanden.

AM ABEND

Unzählige Bars, Cafés, Kneipen und Restaurants schmücken die kilometerlange Uferpromenade. Wenn die Tageshitze nachlässt, tummelt sich Jung und Alt bis zum frühen Morgen am Meer, die Küste wird zur Diskomeile: *Bolivar* (einheimische Bands), *Casa* (House & Techno), *Baron* (drei Bühnen), *Nautica* (Jazz), *Copas* (mit Sonnenliegen direkt am Stand).

ZIELE IN DER UMGEBUNG

BIJELA [117 D5]

Gleich nach Herceg Novi reihen sich mehrere kleine Orte aneinander, die direkt am Meer liegen: *Meljine, Zelenika, Kumbor, Đenovići, Balošići, Bijela.* Für Tauchfreunde und Sportler bietet sich die 14 km von Herceg Novi entfernte Gemeinde (4000 Ew.) mit Werft als Standort für den Boka-Urlaub an. Im Hotel *Delfin (112 Zi. | Tel. 031/68 34 00 | www.hotel-delfin.net | €€)* gibt es Krafträume, Box-, Judo- und Tennishalle, direkt davor Fußball- und Basketballplätze. Das *Regional Center for Divers Training (Tel. 031/68 36 71 | www.rcud.cg.yu)* hat Tauchkurse für Anfänger und Fortgeschrittene im Angebot. Am Südende von Bijela wartet *Villa Azzurro (Tel. 031/67 16 06 | €)* mit 14 Zimmern und einem eigenen Strand auf Gäste. In *Morinj,* 8 km Richtung Kotor, können Sie in der traumhaften Atmosphäre einer alten Mühle distinguiert tafeln: *Čatovića mlini (Tel. 031/67 16 06 | €€€),* seit Jahren das beste Restaurant des Landes, bietet vorzüglichen Gaumengenuss. Sie müssen reservieren, und es kostet über 50 Euro pro Person.

Insider Tipp

IGALO [116 B5]

Kurort am Westende der Uferpromenade (3000 Ew.), nur 15 Minuten Fußweg vom Hafen entfernt. Etwas oberhalb ließ Tito in seinen letzten Lebensjahren die *Villa Galeb* errichten, eine Luxusunterkunft mit Bädern und Saunen, die nun an russische Geschäftsleute dauervermietet wird. Wegen der heilenden Wirkung des mineralhaltigen Uferschlicks entstand schon 1950 das nach Titos Tod

Ab in die Adria: Nicht nur Taucher zieht es nach Bijela

Insider Tipp erweiterte Institut Igalo oder *Mediterranean Health Center (420 Zi. | Save Ilica 1 | Tel. 031/65 85 55 | www.igalospa.com | €€)* mit allem, was in Westeuropa unter Wellness firmiert: zum Beispiel Schlammpackungen und galvanisches Bad (je 11 Euro), Aromatherapie (25 Euro), Drainage (14 Euro).

Günstiger wohnen können Sie in unzähligen Privathäusern und vielen kleinen Hotels in der ganzen Stadt *(www.hercegnovi.cc)*. Entlang der Küste gibt es auch mehrere Campingplätze. Das Restaurant *Levanger* auf der Uferseite des Hotels *Tamaris (Obala Nikole Kovačevića 24 | Tel. 031/33 21 63 | €€)* bereitet vorzügliche einheimische Meeresspezialitäten zu.

SAVINA [110 C5]

Vom Hafen von Herceg Novi ist die kleine, grüne Gemeinde (1000 Ew.) nur einen 20-Minuten-Spaziergang entfernt. Das orthodoxe Kloster mit seinen beiden Kirchen liegt etwas oberhalb der Uferpromenade und beherbergt in seiner Schatzkammer das fast 800 Jahre alte Bischofskreuz des heiligen Sava, Schutzpatron der serbisch-orthodoxen Kirche. Insider Tipp *Tgl. 7–19 Uhr | Eintritt frei*

Die Altstadt von Kotor ist kulturelles Welterbe und autofreie Zone

KOTOR

KARTE IN DER HINTEREN UMSCHLAGKLAPPE

[117 E–F 4–5] Lassen Sie sich am Morgen wecken vom Geläut der Glocken – fast ein Dutzend Kirchen gibt es in der Altstadt von

DIE BUCHT VON KOTOR

Kotor (6000 Ew.), die die Unesco nach dem Erdbeben von 1979 zum kulturellen Welterbe erklärte, um einen schnellen Wiederaufbau zu sichern. Der ist gelungen, wovon sich die Kotorianer jeden Tag wieder in einem der Cafés am spiegelglatt getretenen Platz vor dem Uhrturm überzeugen. Dies ist vielleicht der beste Fleck, um Zugang zum Geist der einst von Römern, Venezianern und Österreichern regierten Stadt zu finden.

Kotor – das heißt Eintauchen ins Mittelalter, als das Städtchen am südöstlichen Zipfel der Bucht von den Venezianern entscheidend geprägt wurde. Kotor – das ist die Kathedrale des heiligen Trifun, 1166 auf den Grundmauern einer Rundkirche aus dem 9. Jh. errichtet. Kotor – das ist das Selbstbewusstsein der eigenständigen Seefahrergemeinde, die dem Ansturm der Türken immer standhielt und von den wechselnden Herrschern mal *Dekadaron,* mal *Catarum, Catera* oder *Cathara* genannt wurde. Unter den Südslawen setzte sich der Name Kotor durch, die Italiener machten daraus *Cattaro.* Richtung Herceg Novi reihen sich malerische Ortschaften direkt am Meer, mit herrlichem Ausblick auf die Bucht, gut mit Linienbussen zu erreichen.

SEHENSWERTES

POMORSKI MUZEJ (SEEFAHRTSMUSEUM)

Auf drei Stockwerke verteilt finden sich im ehemaligen Palast der Familie Grgurina Seefahrertrachten, Modelle alter Schiffe, typische Waffen und eine anschauliche Reliefkarte der Bucht. *Mo–Fr 8–13 und 18–23, Sa/So 8–18 Uhr | Trg Bokeljske mornarice | Eintritt 2 Euro*

STADTMAUER

Über 4 km lang ist die von den Venezianern schon 1420 begonnene, erst 400 Jahre später fertig gestellte Stadtmauer, die tief in den Berg oberhalb von Kotor einschneidet. Der Aufgang befindet sich kurz hinter dem Nordtor, *Eintritt 2 Euro.* Auf etwa halber Strecke zur ✲ Festung *Sveti Ivan* liegt die kleine Kirche *Gospe od zdravlja.*

STARI GRAD (ALTSTADT) ★

Drei Tore führen in die Altstadt, das älteste ist jenes im Süden, das bereits im 13. Jh. entstand. Das nördliche und das Haupttor *(Morska vrata)* vor dem großen Parkplatz am Ufer – die Altstadt ist autofrei – wurden im 16. Jh. im Renaissancestil errichtet. Direkt gegenüber dem Haupttor, mit den Palästen der Patrizierfamilien Bisanti und Beskuca im Hintergrund, liegt der Uhrturm *(Sat kula).* Neben der St.-Luka-Kirche, die sich noch bis ins 19. Jh. Katholiken und Orthodoxe teilten, ist vor allem die St.-Trifun-Kathedrale sehenswert, die beim Erdbeben von 1979 stark beschädigt wurde, inzwischen aber wieder vollständig renoviert ist.

ESSEN & TRINKEN

BASTION

Probieren Sie die mit Schinken und Käse gefüllten Tintenfische in dem am Nordeingang zur Altstadt gelegenen Restaurant. Das Seefischangebot ist vom Feinsten. *Stari Grad 517 | Tel. 032/32 21 16 | €€–€€€*

GALION ✲

Direkt am Wasser, mit Blick auf die Altstadt von Kotor, genießen Sie die exquisite Küche und können zwischen 130 Sorten ausländischer und einheimischer Weine wählen. *Maceo | Tel. 032/32 50 54* | €€€

KONOBA CESARICA
Fischspezialitäten der dalmatinischen Küche, aber auch Schafskäse vom Bauer und T-Bone-Steak. In der Altstadt, bei der Musikschule. *Stari grad 375 | Tel. 032/33 60 93* | €€€

LA PASTERIA
Die beste italienische Küche vor Ort, mit Blick auf die Kathedrale. *Pjaca Sveti Tripun | Tel. 032/32 22 69* | €

ÜBERNACHTEN

In Kotor und Umgebung wird zurzeit viel gebaut. Jetzt schon gibt es schnuckelige Hotels, aber auch schöne und preiswerte Zimmer und Apartments. Vorsicht: In der Altstadt von Kotor kann es abends (und nachts) laut werden!

AMFORA
In *Orahovac,* 8 km von Kotor entfernt, steht eines der neuen *small hotels* direkt am Meer, mit Blick auf die traumhafte Bergkulisse. *12 Zi. | Tel. 032/30 58 52* | *www.hotelamfora.cg.yu* | €€€

MARIJA
Mit schöner Eichentäfelung verkleidetes altes Bürgerhaus in der Altstadt. *17 Zi. | Stari grad 449 | Tel. 083/32 50 62* | €€€

RENDEZ-VOUS
Das günstigste Haus in der Altstadt *10 Zi. | Pjaca od mlijeka | Tel. 032/32 24 47* | €

VARDAR
Ein Patrizierhaus mit 33 Zimmern, türkischem Bad, *Cigar lounge,* umgeben von Steinhäusern der Altstadt. Nach Zimmer 206 fragen – unter dem Balkon ist die Flaniermeile von Kotor. *Tel. 032/32 50 84* | *www.hotelvardar.com* | €€€

Insider Tipp

>LOW BUDGET

> Wer Ruhe sucht, auf Kabel-TV und Supermarkt um die Ecke verzichtet und einen Urlaub fern des Trubels verbringen will, der fliegt mit dem Billigflieger nach Dubrovnik, mietet vorab einen Wagen in Montenegro, und geht auf die Suche nach einem vergessenen Leben in den Bergdörfern der Halbinsel Luštica. Vermietet werden einfache Zimmer. Unter *www.tivat.travel/index.php,* unter der Rubrik „Accomodation", sind die Handynummern der Vermieter angegeben. Es gibt mehr als zehn Dörfer auf Luštica, Radovanići ist das größte, Zabrdje liegt ganz oben, in 500 m Höhe.

AM ABEND

Ausgerechnet am Platz der Waffen, *Trg oružja,* residiert die *Diskoteka Maximus,* mit allen Schikanen einer In-Disko ausgestattet. In der Piano Bar gleich daneben geht es ruhiger zu.

ZIELE IN DER UMGEBUNG

DOBROTA [117 E4]
Der Vorort (7000 Ew.) von Kotor streckt sich über 7 km und hat viele kleine Strände. Kulinarische Ab-

Reich geschmückt präsentiert sich das Innere der Kirche „Frau vom Felsen"

wechslung bietet das am Ufer liegende Restaurant *Elas,* auf griechische Küche spezialisiert *(Tel. 032/ 33 51 15 | €–€€).* Einfache Mehrbettzimmer gibt es in der Pension *Dobrotski Dvori (8 Zi. | Tel. 032/ 33 08 40 | €),* ebenfalls am Ufer. Feudaler nächtigen Sie im *Palazzo Radomiri (Tel. 032/33 31 72 | www.palazzoradomiri.com | €€€):* Eine russisch-montenegrinische Familie hat den Barockpalast aus dem 18. Jh. ausgebaut. Die sieben Zimmer tragen die Namen der Schiffe, die einmal der Familie Radomiri gehört haben. Direkt am Wasser und doch mit einem Swimmingpool ausgestattet.

GOSPA OD ŠKRPJELA ★ [117 E4]

Zu den Höhepunkten eines Besuchs an der *Boka* gehören die beiden vor Perast gelegenen Kircheninseln. Die Kirche Gospa od Škrpjela (Frau vom Felsen) entstand 1452, als auf einem Felsen eine erste Kirche errichtet wurde. Jedes Jahr am 22. Juli fahren Boote hinüber auf die Insel, um des Geburtstags mit dem Werfen von Steinen ins angrenzende Wasser zu gedenken. Ein Brauch, der auf eine lange Tradition gründet: Da Seeleute und Fischer über Jahrzehnte hinweg Schiffe versenkten und Steine zur Erweiterung der anfangs kleinen Fläche auftrugen, reichte der Platz Mitte des 17. Jhs., um die Kirche auszubauen und neue Gebäude hinzuzufügen. Ihr barockes Innenleben bekam sie erst durch den Architekten Ilija Katičić, der den Glockenturm anbaute und das Kirchenschiff verfeinerte. Die Decken- und Wandgemälde stammen vom berühmten Maler Tripo Kokolja (1661–1713), dessen Werke zu seiner Zeit von Dubrovnik bis Venedig auf große Anerkennung stießen. Hunderte Votivtafeln zeigen Schiffe und Szenen aus dem Alltag von Perast und wurden zum Dank für geheilte Krankheiten aufgehängt.

Gegenüber von Gospa od Škrpjela liegt die Insel *Sveti Đorđe* (St.

Georg), lange Zeit die bedeutendste Benediktinerabtei der Bucht. Während zum Bau der Schwesterkirche Dutzende Schiffe versenkt wurden, thront Sveti Đorđe auf einem natürlichen Steinriff. In jedem Küstenort können Bootstouren gebucht werden.

PERAST ★ [117 D4]

Die Büsten vor der im 15. Jh. errichteten barocken Sveti-Nikola-Kirche mit ihrem 55 m hohen, barocken Glockenturm zeigen, wem das Städtchen mit den meisten Sonnenstunden pro Tag seinen Ruf zu verdanken hat: seinen Kapitänen, bei denen auch Seeleute Peters des Großen in die Schule gingen. Heute hat der unter Denkmalschutz stehende Ort nur noch 300 Bewohner, einst aber war die Flotte der 1558 für autonom erklärten Gemeinde größer als die von Dubrovnik.

Perast zählt zu den schönsten Barockstädtchen an der Adria. Über Jahrhunderte stand es unter venezianischer Kontrolle, immer wieder angegriffen von den Schiffen des Osmanischen Reichs, das die Stadt jedoch nie erobern konnte. Ihr Status als wichtiger Grenzort brachte den Bewohnern zahlreiche Privilegien ein, die jedoch mit dem Fall Venedigs 1797 abrupt endeten und den Niedergang der stolzen Schifferzunft einleiteten. Das *Museum* von Perast *(Mo–Fr 8–14, Sa/So 9–14 Uhr | am Ufer | Eintritt 1,50 Euro)* ist im *Bujović-Palazzo* aus dem 17. Jh. untergebracht. Portraits der glorreichen Kapitäne der Stadt, Landkarten und Wohnzimmereinrichtung der Bujovićs lassen einen in ferne Seefahrerwelten eintauchen. Auch das *Hotel Conte (10 Apartments | Tel. 032/ 37 36 87 | www.hotel-conte.com | €€)* war einmal ein Kapitänshaus.

PRČANJ [117 E4]

Im 17. Jh. stellten die Seeleute von Prčanj (1000 Ew.) den ersten Postverkehr zwischen Venedig und Kor-

Perast ist eines der schönsten Barockstädtchen an der Adria

stantinopel her. Dem berühmtesten Kapitän des Orts, Ivo Visin, ist vor der Pfarrkirche *Bogordični hram,* der größten der *Boka,* ein Denkmal gesetzt. Das Hotel *Splendido* *(43 Zi. | Naselje Glavati | Tel. 032/30 17 00 | www.splendido-hotel.com | €€€)* mit eigenem Pool und Zugang zum Meer ist nach dem Schiff benannt, das Visin auf seiner Weltumseglung benutzte.

Insider Tipp

RISAN [117 D3–4]

In der ältesten Stadt der Bucht (1500 Ew.) errichtete die illyrische Königin Teuta im 3. Jh. v. Chr. ihren Herrschaftssitz, von wo sie die Römer etwa 100 Jahre später vertrieben. Bodenmosaike aus der römischen Zeit, als Risan die bedeutendste Stadt der Gegend war, sind in einem unbeaufsichtigten, etwas oberhalb der Tankstelle gelegenen Freilichtmuseum *(immer offen, Eintritt frei)* ausgestellt.

TIVAT

[117 D5] **Ein Umbruch des Jahrhunderts steht der jüngsten Stadt von Montenegro (10.000 Ew.) bevor. Bis 2011 soll Tivat ein anderes Gesicht bekommen.** Der ungarisch-kanadische Milliardär Peter Munk besuchte 2007 mit seiner Yacht Montenegro und verliebte sich dermaßen in dessen Küste, daß er beschloß, gerade in Tivat den modernsten Yachthafen des östlichen Mittelmeers zu bauen. Zuerst hat er den Hafen Arsenal in Tivat für 30 Jahre „gemietet", und nun baut er hier, zusammen mit Superreichen dieser Welt, einen Yachthafen für ihresgleichen. In dem verschlafenen Städtchen, das lange Zeit ein Militärstützpunkt war, entsteht *Porto Montenegro,* eine Marina der Superlative. Die Investoren sind, neben Munk, der russische Oligarch Oleg Deripaski, Rothschilds und ein französischer Milliardär. 150 Liegeplätze werden für Riesenyachten, (ab 150 m Länge) reserviert, 650 sonstige Boote finden hier Unterschlupf. Golfplätze mit 18 Löchern sind per Auto in10 Minuten erreichbar, für Skipisten auf Durmitor (120 km entfernt), werden per Helikopter 15 Minuten veranschlagt. Kempinski & Co. sind selbstverständlich, zollfreies Benzin und Wartung der Yachten inbegriffen. Die Einwohner der Halbinsel Luštica haben erfolglos gegen das Projekt protestiert, der Segen kommt von Premierminister Đukanović persönlich. Sein Argument: 6000 Menschen sollen hier Arbeit finden. Die Neureichen von China, Russland und Indien haben schon die Koffer gepackt. Die Halbinsel Luštica wird sich auch verändern. Die einst verlassene Dörfer *Radovanovići, Krasići, Mitrovići* und andere, die Namen der dort ansäßigen Familien tragen, werden touristisch vermarktet. Die orthodoxe Kirche im Dorf *Mrkovi,* die neben dem Kreuz auch einen Halbmond am Kirchturm hat, wird zur Sehenswürdigkeit. Das ruhige Leben im Schatten der Olivenbäume wird hektisch. Und das Preisparadies von heute wird es bald nicht mehr geben.

SEHENSWERTES

MUZEJ I GALERIJA LJETNIKOVCA BUĆA

Die frühere Sommerresidenz der Familie Buca von 1548 beherbergt heute das Kulturzentrum mit dem kleinen Stadtmuseum. Gezeigt werden Fotos von Tivat aus dem 19. und frühen 20. Jh. *Hinter dem Hafen | tgl. 7–23 Uhr | Eintritt frei*

ESSEN & TRINKEN

BACCHUS

Das unter Einheimischen beliebte Restaurant liegt etwas abseits der Lokale an der Uferpromenade. Probieren Sie die leckeren, mit Krebsen gefüllten Tintenfische! *Palih Borača | Tel. 032/67 25 58* | €€

MARZAMIN

Ob Fischsuppe, Muschelrisotto oder Meeresfrüchtesalat – alles, was aus dem Meer kommt, schmeckt hier. *Im Hotel Palma | Tel. 032/67 12 56* | €€

MONTENEGRINO

Das edelste Restaurant im Ort. Feinschmecker genießen den Hummer. *21. Novembra 27 | Tel. 032/67 45 41* | €€€

ÜBERNACHTEN

PALMA

Unter den drei alten Staatshotels das am besten erhaltene, mit schönem Blick aufs Meer. *114 Zi. | 21. Novembra | Tel. 032/67 21 88 | www.primorje.cg.yu* | €€

PINE

Haus mit Blick auf die Fußgängerpromenade am Hafen. *26 Zi. | Tel. 032/67 13 05 | www.mimoza.cg.yu* | €€

VILLA ROYAL

Insider Tipp

Schöner Neubau hinter dem Yachthafen. *6 Zi., 6 Apartments | Kalimarj | Tel. 032/67 53 10 | www.hotelvillaroyal.cg.yu* | €€€

STRÄNDE

Ganz in der Nähe von Tivat befindet sich die Bucht *Oblatno,* jetzt ein Strand vom Feinsten: Neben den vielerorts üblichen Sonnenliegen für 3 Euro pro Tag wird hier ein „Wohnzimmer" angeboten. Unter einem weißen Baldachin warten Sofa, Sessel und ein Plasma-TV auf den, der dafür täglich 50 Euro bezahlen möchte. Genauso nah, auf der anderen Seite von Tivat, liegt der Strand *Plavi horizonti,* der die Auszeichnung „Blaue Flagge" besitzt.

> AUSVERKAUF

Privatisierung heißt das Zauberwort in Montenegro

Staatliche Unternehmen werden an Russen, Iren, Ungarn und Israelis verkauft, die oft alles abreißen und Hotels, Marinas, Wellnessanlagen bauen. *Jugooceanija,* das Seehandelsunternehmen, das einst prächtige Schiffe bauen ließ, ist genauso dabei wie das weltbekannte Reha-Zentrum in Igalo. Makleragenturen zieren alle paar Meter die Gassen der Altstädte an der Küste. Grund und Boden, Villen und ganze Hotelanlagen sind im Angebot. Auch viele Olivenbauern haben mittlerweile ihre Grundstücke verkauft. Der Küstenstreifen ist schon leergekauft, jetzt sind die Bergregionen an der Reihe: zu Preisen, die ähnlich hoch sind wie in Hamburg oder London.

ZIELE IN DER UMGEBUNG

Die Umgebung ist begehrter als das Städtchen selbst: Günstige Übernachtungen und klares Wasser sprechen für sich. Die Blumeninsel *Prevlaka (Ostrvo cvijeća)* kann per Boot erreicht werden, etwas mehr Zeit braucht man, um zu *Plava Špilja,* der Blauen Grotte, zu kommen, die auf der anderen Seite der Halbinsel liegt.

LUŠTICA [116–117 C–E 5–6]

Das „Land der Oliven", nennen die Montenegriner die 47 m² große Halbinsel südlich von Tivat. Auf Luštica ist fast jede Bucht ein Strand. Seit der Antike wachsen hier Olivenbäume. Fast jedes Haus besaß eine Olivenmühle, man lebte mit und von den Oliven. Dann gehörte Luštica den Militärs, die von hier aus den Eingang in die Kotorbucht bewachten. Viele Einwohner gingen weg, es blieben die verwaisten Dörfer. Jetzt kehren die Enkelkinder zurück, aber nicht nur sie: Der Bürgermeister von Moskau hat sich hier niedergelassen, ein russisches Dorf ist in den Bergen entstanden. Villen, Hotels und eine Supermarina sollen folgen. Noch ist die 35 km lange Küste ziemlich leer, unberührte Buchten mit türkisklarem Wasser liegen einsam in der Sonne. Auch das Innere von Luštica ist ein wahrer Traum: vergessene Dörfer, steinerne Häuser im Schatten der Olivenhaine, und das alles in einer wunderbaren Luft, denn der Berg *Obosnik* ist 582 m hoch.

Seit der Antike werden auf der Halbinsel Luštica Olivenbäume kultiviert

> MONTENEGROS RIVIERA

Bezaubernde Hafenstädtchen mit italienischem Flair und im Hinterland der größte See des Balkans

> Kilometerlange Sandstrände, traumhafte Buchten; kleine Kiesstrände, versteckt zwischen den Felsen; grünes Hinterland, das fast bis zum Strand reicht – das ist die montenegrinische Adriaküste.

Im Rücken der pittoresken Hafenstädtchen ragen Lovćen und Rumija in den Himmel und bieten Touristen, die von Podgorica oder Cetinje an die Küste kommen, einen majestätischen Ausblick aus der Höhe. Von Budva bis zur Insel Ada Bojana, kurz vor der albanischen Grenze, breitet sich eine malerische Landschaft aus: Fischerbötchen, die sanft auf den Wellen wiegen, unzählige, auf hübschen Hügeln versteckte Olivenhaine, steinerne Häuser aus vergangenen Zeiten und von Pinien und Zypressen gesäumte Alleen.

Lange Zeit blieb die montenegrinische Adria unentdeckt, während Herceg Novi schon in den 1930er-Jahren zur Sommerfrische der Bel-

Bild: Strand bei Budva

ADRIA UND SKUTARISEE

grader aufsteigenden Mittelklasse wurde. Ganze zwei Hotels gab es vor dem Zweiten Weltkrieg in Budva, Avala und Mogren. Heute noch, umgebaut und in neuem Glanz, erwarten die Veteranen neue Gäste in Budva, vor den Toren der Altstadt. Das Hotel Jadran in Ulcinj, das 70 Jahre auf dem Felsen über den Stadtstrand gewacht hat, wurde im Jahr 2000 abgerissen. Trotz des phantastischen Standorts und trotz des Privatstrands direkt in den Felsen bleibt der Platz unbebaut. Warum die ausländischen Investoren hier kein neues Hotel errichten, weiß man nicht. Genauso wenig weiß man, wann der Umbau der weltberühmten Fischerinsel Sveti Stefan starten wird. Die Insel, die als Luxushotel die Promis dieser Welt zu Gast hatte, steht seit Jahren leer. Die Investoren aus Singapur haben die „Perle der Adria" für 30 Jahre gemietet und lassen sich Zeit.

Anfang 1960er-Jahre begann der Bau der *Jadranska magistrala* – der Adriaküstenstraße – die von Bar bis Rijeka im Norden Kroatiens führt und der gesamten Küste eine halbwegs gute, aber auch kurvenreiche Straße bescherte. Das war notwendig, denn bis dahin gab es in Montenegro – und teilweise in Kroatien auch – kaum richtige Straßen. Von Bar bis Dubrovnik, (etwa 130 km) brauchte man vier bis fünf Stunden, denn die Straßen waren pure Sandpisten, auf denen man mehr Esel als Autos sah – wenn man sie in der Staubwolke erkennen konnte. Der Bau der Küstenstraße war der Beginn einer neuen Zeit. Hastig wurden Hotelkästen in die Landschaft gestellt. Die Touristen der großen Pauschalreiseveranstalter flogen Dubrovnik an und konnten in kurzer Zeit ihr Hotel mit dem Bus erreichen.

Die zweite Bauwelle kam nach dem Erdbeben, 1979. Vor allem die Einwohner der Küstenstädte bekamen günstige Kredite und begannen, ihre Häuser zu renovieren und umzubauen. Es entstanden die ersten *vikendice* – Wochenendhäuser, in denen zuerst Zimmer und dann später auch Apartments vermietet wurden. Verständlicherweise kamen während der Balkankriege keine Touristen an die Küste. Heute ist die montenegrinische Adria, trotz verstopfter Straßen und des Wassermangels im Sommer ein Schmuckstück, das es zu entdecken gilt. Zum Beispiel Budva, wo 500 v. Chr. illyrische Stämme siedel-

So lässt es sich aushalten: Bar am Strand von Budva

ten und den Grundstein legten für das Juwel des Landes, die historische Altstadt mit ihren meterdicken Steinmauern. So bezaubernd wie kaum anderswo in Montenegro haben die Heerscharen fremder Eroberer in Budva, Stari Bar und der Altstadt von Ulcinj ihre architektonischen Spuren hinterlassen: Illyrer, Griechen, Römer, Venezianer und Österreicher besetzten und verteidigten die Hafenstädte über Jahrhunderte. Die Grenze zwischen Byzantinischem und Römischem Reich verlief südlich von Budva, Osmanen und später nach Ulcinj verschleppte afrikanische Sklaven machten den christlichen Herrschern ihre Bastionen immer wieder streitig.

Überall zwischen den drei Hauptdestinationen Budva, Petrovac und Ulcinj finden Sie versteckte Buchten, überall bieten Reiseveranstalter Fischpicknicks an – wechseln Sie die Perspektive und genießen vom Boot aus den Blick auf die Strände und Städtchen der montenegrinischen Riviera. Und versäumen Sie es nicht, ins Hinterland zu fahren: Hunderte Vogelarten nisten am Skutarisee *(Skadarsko Jezero)*, dem größten See des Balkans. Ein unerschöpfliches Nahrungsmittelreservoir für die Anwohner, die noch bis vor wenigen Jahrzehnten fast völlig abgeschnitten von den Städten an der Küste von der Fischerei lebten. Eine Fahrt hinaus auf die Klosterinseln *Gorica, Beška* und *Moračnik* ist ein unvergessliches Erlebnis: Kleine Gemeinschaften orthodoxer Mönche und Nonnen leben hier inmitten der rauen Natur.

BUDVA

KARTE IN DER HINTEREN UMSCHLAGKLAPPE

[118 C5] **Schon aus der Ferne, auf der Abfahrt von Cetinje oder bei der Anreise von Tivat, kündigt sich die älteste Stadt (10 000 Ew.) an der montenegrinischen Küste mit Paukenschlag an.** Etwas versetzt vom restlichen Ufer thront der historische Kern auf einer kleinen Halbinsel in der Adria und streckt sich nach der Insel Sveti Nikola. Die venezia-

MARCO POLO HIGHLIGHTS

★ **Stari Bar**
Ruinen einer alten Siedlung, von Olivenbäumen umgeben (Seite 58)

★ **Stari grad (Altstadt)**
Zwischen steinernen Gemäuern thront Budva, die Perle Montenegros, auf einer kleinen Halbinsel (Seite 50)

★ **Skadarsko Jezero (Skutarisee)**
Ein Paradies für Angler und Vogelfans (Seite 64)

★ **Sveti Stefan**
Das schönste Fotomotiv des Landes und Treffpunkt der Reichen, Schönen, Prominenten: Die einstige Fischerinsel wurde zum Luxushotel ausgebaut (Seite 54)

★ **Velika Plaža (Großer Strand)**
Der längste Strand Montenegros ist beliebt bei Familien mit Kindern und Surfern: mehr als 12 km Sand erfreut die einen, viel Wind die anderen (Seite 61)

nischen Eroberer gaben der Altstadt im 15. Jh. ihr prächtiges Gesicht, das lediglich durch das Erdbeben von 1979 ein paar – längst verschwundene – Kratzer abbekam.

So schnell wie Budva ist keine Gemeinde in Montenegro gewachsen. Der Ausverkauf vom Grund und Boden begann gleich nach den Balkankriegen, selbst die benachbarten Berge sind heute voll ausgebaut und in die Stadt integriert. Maklerbüros findet man an jeder Ecke, Villen und Appartements auch. Wohnen in den Bergen, mit Pool und Meeresblick, ist mittlerweile angesagt, weil die Stadt, vor allem im Sommer, total überlaufen ist. In der Hochsaison herrscht ein chronischer Parkplatzmangel, die Straßen um Budva sind verstopft, das Wasser knapp. Die Verantwortlichen hoffen bis 2010 diese Probleme behoben zu haben. Und doch bleibt Budva ein Magnet, vor allem für Serben und Russen: die Stadt der schönsten Mädchen, der dicksten Autos und der höchsten Preise an der montenegrinischer Küste bietet lange Nächte in den Diskos, gutes Essen an der Obala und Designerklamotten in der Altstadt.

SEHENSWERTES

CITADELA (ZITADELLE)

Das alte Kastell vor dem Hauptplatz der Altstadt dient im Sommer als Freilichtbühne. Innen untergebracht sind ein paar Modelle berühmter Schiffe, so etwa die „Santa Maria" von Kolumbus.

MUZEJ GRADA BUDVE

Das kürzlich renovierte Stadtmuseum, das vielleicht schönste Museum des Landes, enthält Schaustücke aus der langen Geschichte Budvas, die bis auf das 5. Jh. v. Chr. zurückgeht. Tönerne Schalen und Krüge, metallene Werkzeuge und Münzen aus der Römerzeit präsentiert das gut ausgestattete Haus in der Altstadt. Ein Überblick über die sagenumwobene Geschichte der einst illyrischen Stadt ist deshalb schnell möglich. *Tgl. 9–24 Uhr | Petrovića 11 | Eintritt 2 Euro*

STARI GRAD (ALTSTADT) ★

Ihre Beherrscher wechselten häufig, doch entscheidenden Einfluss auf die Gestalt der schmucken Altstadt nahmen die Bauherren aus Venedig: 1442 eroberten diese die Stadt, ließen zahlreiche Kirchen errichten und stellten auf die Reste einer alten Mauer die bis heute gut erhaltene Stadtmauer. Sehenswert sind außerdem die dreischiffige, schon im 9. Jh. entstandene Kirche Johannes des Täufers *(Sveti Ivan)* und der 1867 gebaute Glockenturm *(Sahat Kula)*.

ESSEN & TRINKEN

CHICKEN RESTAURANT

Nomen est omen: Am Eingang der Altstadt bringt das günstige Lokal Abwechslung in die ansonsten hauptsächlich von Pizza und Fischgerichten geprägte Küche an der Riviera von Budva. *Vuka Karadžića 1 | Tel. 086/45 13 14* | €

JADRAN – KOD KRSTA

Das Fischrestaurant direkt am Hafen bietet für jeden Geschmack etwas: Neben Meeresfrüchten, frischem Meeresfisch und Hummer gibt es auch typisch montenegrinische

Insider Tipp Fleischgerichte und günstige Tagesmenüs. *Slovenska Obala 10 | Tel. 086/45 10 28 | €–€€*

KONOBA DEMIZANA
Heimeliges Restaurant, etwas versetzt hinter der Uferpromenade; Deftiges vom Grill – Fleisch ebenso wie Fisch. *Slovenska Obala 3 | Tel. 086/ 45 50 28 | €€*

Insider Tipp **KONOBA KNEZ**
In der kleinen Gaststube können Sie dem Koch über die Schulter schauen und Ihren Fisch selbst auswählen. *Stjepan M. Lubiša 5 | Mobiltel. 069/ 47 50 25 | €€*

O SOLE MIO
Omeletts am Morgen, leckere Pizzen und Pastagerichte am Mittag oder Abend – und das alles können Sie mit Blick auf die belebte Uferpromenade genießen. *Slovenska Obala 15 | Tel. 033/40 37 20 | €*

ÜBERNACHTEN

Das Hotelangebot in Budva zählt zu den besten des Landes, doch vor allem in den Hauptreisemonaten Juli und August bietet es sich an, in einem der kleineren Orte in der Umgebung Unterschlupf zu suchen – oder, wegen Überfüllung, auf private Quartiere auszuweichen.

AVALA
Das alte Grandhotel Avala wurde abgerissen und mit allen Schikanen neu aufgebaut. Der Pool liegt direkt oberhalb des Strands, der Blick auf die Bucht und die Altstadtmauern besticht. Vorsicht: In manchen Zimmern dröhnen die Bässe der Hotel-

Glockenturm von 1867 in der Altstadt von Budva

disko bis spät in die Nacht. *290 Zi. | Mediteranska 2 | Tel. 033/44 10 00 |* www.avalaresort.com | €€€

Insider Tipp **VILA LUX**

Das gepflegte Haus liegt verkehrsgünstig an der Straße Richtung Tivat. Wer die Viertelstunde Fußweg bis zur Altstadt nicht scheut, wird dafür mit einem exzellenten Preis-Leistungs-Verhältnis belohnt. *22 Zi. | Jadranski put | Tel. 033/45 59 51 | Fax 45 59 46 |* www.vilalux.com | €

FREIZEIT & SPORT

Fast an jeder Ecke, vor allem aber am Strand *Slovenska plaža* findet man alles was ein Sportlerherz begehrt: Bungee, Jetski, Tauchen, Schnorcheln und Surfen sowieso. Für etwa 30 Euro sollten Sie unbedingt eine Tagestour mit dem Schnellboot nach Dubrovnik in Kroatien buchen. Insider Tipp Die kleinen Schiffe erkunden mehrmals täglich Strände und Städtchen an der Riviera. Fast direkt am Strand entlang führt die Trasse einer Minibahn, Insider Tipp die zwischen Budva und dem verschlafenen Nest *Rafajlovići* bis spät in die Nacht verkehrt.

Freunde des Nachtlebens kommen in Budva auf ihre Kosten

STRÄNDE

JAZ

Etwa 3 km von Budva entfernt Richtung Tivat finden Sie den langen Kiesstrand von *Jaz.* Es gibt einen Campingplatz und einige Strandbars, aber keine Hotels. Rockkonzerte in Jaz sind berühmt: Die Rolling Stones und Madonna waren schon hier.

> www.marcopolo.de/montenegro

MOGREN I UND II
Vom Hotel Avala aus in ein paar Minuten erreicht, liegen die beiden von einer steilen Felswand getrennten Strände ruhiger als Stadtstrand und Slovenska Plaža. Eine Hand voll Cafés und Gaststätten bieten Erfrischungen an; Tretbootverleih.

SLOVENSKA PLAŽA
Der lange Kiesstrand zieht sich einige Hundert Meter vom Hafen bis ans Ende der Bucht von Budva Richtung Bečići. An Kneipen mangelt es hier nicht, und seit einigen Jahren gibt es sogar die Möglichkeit zum Bungeejumping.

AM ABEND

Ganz Budva ist eine große Diskothek. Die Montenegriner lieben laute Musik, aus jeder Strandbar dröhnt es bis spät in die Nacht. Die meisten Clubs mit Openend befinden sich entlang der *Slovenska obala*. Als obercool gilt es, Sonnenuntergänge am Stadtstrand von Budva mit einem bunten Cocktail in der Hand zu genießen, während man im Liegestuhl aus Teakholz liegt.

Insider Tipp

ZIELE IN DER UMGEBUNG

BEČIĆI [118 C5]
Noch heute sind die Einheimischen des Küstenorts (2000 Ew.) stolz, dass ihr 2 km langer Strand 1936 in Paris zum schönsten Strand des Mittelmeers gekürt wurde. Oberhalb von Bečići-Strand haben ausländische Investoren große Luxushotels mit vier und fünf Sternen gebaut. Spa und Wellness, Kaviar und Hummer gehören zum Programm. So verfügt das Hotel Splendid nicht nur über Suiten für 1000 Euro pro Nacht, sondern auch über eigene Helikopterlandeplätze. Mehrere Reiseveranstalter bieten den Aufenthalt in diesen Prachtbauten zu moderaten Preisen an. Die Hotels Splendid, Montenegro und Blue Star werden von der *Montenegrostars Hotel Group* betrieben *(Tel. 033/77 37 77 | www.montenegrostars.com)*.

Zwar fährt der Aufzug nicht direkt vom Zimmer aus zum Sandstrand, dafür kosten private Apartments in Bečići viel weniger. Das *Stella di Mare (32 Zi. | Mobiltel. 069/02 66 46 | www.stella-di-mare-apartments.com | €€)* auf der anderen Seite der Küstenstraße ist etwa 150 m vom Strand entfernt und bietet alles, was das Urlauberherz begehrt: Kabel-TV, Klimaanlage und Terasse. Das Hotel *Mediteran (230 Zi. | Tel. 033/47 18 45 | www.mediteran.info)* hat neben Luxuzimmern auch den schönsten Aquapark in Montenegro. Nützliche Berichte über Hotels in Budva und Bečići finden Sie unter *www.tripadvisor.com*.

> LOW BUDGET

- *Ekspres restorani* – Selbstbedienungsrestaurants waren schon unter Tito beliebt: Hier konnte man im Urlaub günstig speisen. Heute noch gibt es in fast jedem Touristenort, so auch in Budva, ein *ekspres restoran*, wo man für wenig Geld satt werden kann.
- Gut zubereitetes Fleisch für wenig Geld kauft man bei Schlachtern in den *pečenjara*, wie sie ihre Grillstuben nennen.

PRŽNO [118 C5]

Auch in der zierlichen Bucht von Pržno, die Küstenstraße 3 km weiter Richtung Petrovac und Ulcinj, lassen sich herrliche Sonnentage verbringen. Ein paar kleine *konobas* am Ostende des Strands sowie das Hotel *Maestral | 171 Zi. | Tel. 033/41 01 09 | Fax 41 01 92 | www.maestral.info | €€€*, laden zu einem Aufenthalt ein.

SVETI STEFAN ★ [118 C6]

Was mit Sveti Stefan, dem Treffpunkt des Jet-Sets und Miločer, der ehemaligen Sommerresidenz der jugoslawischen Könige demnächst passieren wird – weiß man nicht so genau. Eine Investorengruppe aus Singapur hat beide Hotelanlagen vom montenegrinischen Staat für 30 Jahre übernommen – und lässt sich Zeit mit Erneuerung der maroden Hotels. Die Neueröffnung war für 2007 geplant, wurde dann auf 2009 verschoben. Neugierigen Touristen bleibt nur der Blick vom Festland aus, der Sveti Stefan zum meistfotografierten Motiv des Landes machte: eine kleine, verwunschene Insel mit steinernen Häusern und roten Dächern, mit einem schmalen Damm mit dem Festland verbunden, wie sie in der Sonne badet. Nach der Fertigstellung werden wieder 100 Top-Zimmer in Sveti Stefan auf gut betuchte Gäste warten. Wer von seinem Badestrand Sveti Stefan im Auge behalten will, der findet gute Übernachtungsmöglichkeiten in den umliegenden Häusern auf dem Festland.

PETROVAC NA MORU

[119 D6] **Pinien, Palmen und Zypressen zieren die Uferpromenade der verträumten Kleinstadt (5000 Ew.) zwischen Sveti Stefan und Sutomore.** Wie ein grüner Puffer schieben sich die Schatten spendenden Baumkronen zwischen den Sandstrand und die alten veneziani-

Sveti Stefan ist ein Muss für jeden, der Montenegro besucht

schen Steinhäuser. Vom Bad im frischen Nass bis zur nächsten Bar sind es selten mehr als 30 m, und trotz des touristischen Angebots hat Petrovac seinen Charme bewahrt: Während in den Gemeinden nahe Budva ein Hotel neben das nächste gebaut wird, blieb die Promenade hier von hässlichen Neubauten verschont. Lassen Sie sich im Café Cuba oder am alten Lazarett zu einem *macchiato* verführen! Wer nicht das lärmende Urlaubsspektakel sucht, sondern auf Auto und großstädtische Angebote gern verzichtet, ist in Petrovac richtig. Wanderwege führen rechts und links des Zentrums zu Klöstern und auf kleine Aussichtspunkte, auch der versteckte Traumstrand *Lučice* ist in einer Viertelstunde zu Fuß erreicht.

SEHENSWERTES

KASTEL LASTVA

Die am westlichsten Rand der Bucht von Petrovac gelegene Trutzburg gab der Stadt bis zum Ende des Ersten Weltkriegs ihren Namen.

ESSEN & TRINKEN

KONOBA ORADA

Neben Palmen und unter Schatten spendenden Weinreben wird am Ende der Uferpromenade lecker zubereiteter, fangfrischer Fisch serviert. *Obala | Tel. 033/43 24 16* | €€

LAZARET

Das im früheren Lazarett am Hafen untergebrachte Restaurant bietet für jede Tageszeit etwas: Omeletts am Morgen, Pizza und Pasta sowie lecker zubereitete Fischspeisen am Rest des Tages. *Obala | Mobiltel. 069/02 61 57* | €€

OLIVA

Das feine Restaurant im Hotel Rivijera begeistert durch seine wundervollen Calamari. *Tel. 033/46 12 87* | €€€

ÜBERNACHTEN

Wie in den anderen Küstenorten gilt auch in Petrovac: Privatzimmer sind weitaus günstiger und meist genauso gut ausgestattet wie die in der Hauptsaison oft vollen Hotels.

PALAS

In den 1970er-Jahren quartierten die großen deutschen Reiseunternehmen hier Pauschaltouristen ein, und so soll es in Zukunft auch wieder werden. Geräumige Zimmer mit Balkons und ein Swimmingpool, nur durch die Uferstraße vom Strand getrennt. *171 Zi. | Obala | Tel. 033/42 11 00* | €€

RIVIJERA

Insider Tipp

Etwas versteckt am Ostende der Bucht, ist hier eines der schönsten Hotels des Landes entstanden: Großzügige, modern gestaltete Zimmer und viel Grün vor den beiden Trakten des Hauses laden zu richtig entspannten Stunden ein. Und bis zum Strand sind es nur 50 m. *49 Zi. | Obala | Tel. 033/42 21 00 | www.rivijera-petrovac.com* | €€€

VILA PERAZIĆ

Der von Weinranken und Blumen überwucherte Apartmentblock liegt nur ein paar Schritte von der Uferpromenade entfernt. Am besten vorher reservieren, Preisnachlass gibt es bei längeren Aufenthalten. *16 Zi. | Nika Anduša | Tel. 033/46 15 59* | €

VUKSANOVIĆ
Seit mehr als 10 Jahren vermietet die Familie Vuksanović ihr Haus. Der Sohn, geboren in Hamburg, arbeitet in der Schweiz, die Eltern sind zurückgekehrt und leiten das kleine Haus mit fünf Apartments. Meeresblick, Grill im Garten und moderate Preise sprechen für dieses Haus. *Medinski krs bb | Tel. 033/46 18 79 | www.montenegro.ch* | €€

STRÄNDE

BULJARICA
Der lang gestreckte Kiesstrand befindet sich zwei Buchten östlich von Petrovac na Moru und bietet sich vor allem für Campingurlauber an: *Autokamp Maslina | Tel. 033/ 40 26 48*

LUĆICE Insider Tipp
Am östlichen Ortsausgang von Petrovac, am Hotel Rivijera vorbei, befindet sich der rund 250 m lange und 30 m breite Kiesstrand, hübsch umrandet von zwei hohen, grün bewachsenen Hängen.

Der Strand von Petrovac ist gut zu erreichen und dementsprechend voll

SUTOMORE

[120 A4] Der Name kommt aus dem Italienischen, *sotto mare*, und bedeutet in etwa das „Untere Meer". Die früheren Bewohner lebten in den Bergen oberhalb der Bucht, wo sie sich besser vor Piraten schützen konnten. Sutomore (2000 Ew.) ist eigentlich nur eine der vielen Buchten, die sich zwischen Petrovac und Bar nahtlos aneinanderreihen. Während die anderen Buchten erst jetzt für den Tourismus erschlossen werden, hat Sutomore seine ersten Hotels in den 1960er-Jahren eröffnet. Ein 1,2 km langer Kiesstrand ist die „Badewanne" der Bewohner der benachbarten Hafenstadt Bar. Vor allem aber ist Sutomore viel günstiger als die mondänen Städte Herceg Novi, Budva oder Kotor. Ruhige Nächte gibt es allerdings nur oben auf dem Berg, denn der ganze Strand ist – wie so oft in Montenegro – eine einzige Musikmeile, auf der jede Kneipe ihren eigenen Musikstil pflegt – und zwar sehr laut.

Große kulturhistorische Denkmäler hat Sutomore nicht zu bieten. In der kleinen Kirche der hl. Thekla aus dem Mittelalter sieht man einen orthodoxen und einen katholischen Altar nebeneinander, ein Zeichen des guten Zusammenlebens. Die Altäre sind bis heute noch gut erhalten. Im oberen Teil des Orts hält die Bahn, die zwischen Belgrad und Bar verkehrt, die Wege von Podgorica nach Sutomore sind durch den Bau des Sozina-Tunnels um viele Kilometer verkürzt worden.

Gute Übernachtungsmöglichkeiten bieten die Hotels *Nikšić (www.htponogost.com/niksic)*, *Južno more* und *Korali (www.korali.org)*, alle direkt am Strand und unter 50 Euro pro Nacht. Deren Charme der sozialistischen Architektur ist noch erhalten, obwohl zügig an der Renovierung gearbeitet wird. Private Unterkünfte sucht man am besten an der Felsküste Richtung Bar, wo man teilweise den direkten Zugang zum Strand hat. Alles in allem ist Sutomore für Familien mit Kindern, die einen günstigen Urlaub verbringen wollen, zu empfehlen. Diejenigen, die mit dem Auto Montenegro bereisen, finden im Juni oder September hier mehr Ruhe. Wer Richtung Ulcinj, etwa 10–15 km nach *Dobra voda* oder nach *Utjeha* fährt, wird fürstlich belohnt: Apartments und Zimmer für wenig Geld, das Meer direkt vor der Nase, Pinien und Zypressen im Garten. Und das Grillenzirpen gibt es umsonst.

ZIELE IN DER UMGEBUNG

BAR **[120 B4–5]**

Das ungewollte Wahrzeichen der Stadt (13 000 Ew.) schwebt wie ein Ufo mitten im Zentrum: Zu Titos Zeiten errichtet, spielt das Leben im 25 km von Ulcinj entfernten Bar

> OLIVEN

Zwischen Bar und Ulcinj wird Öl gepresst

Mehr als 100 000 Olivenbäume, einige über 1000 Jahre alt, wachsen allein an den Hängen und Hügeln rund um Bar. Das berühmte kaltgepresste Öl von Ulcinj wird bis heute nach alter Tradition gewonnen: Riesige, zylinderförmige Steinmühlen zermahlen die Früchte, bis alle Bitterkeit aus ihnen herausgedrückt ist. Danach lagert das Öl für einige Wochen in wechselnden Wasserbecken, wobei immer wieder Knoblauch hinzugefügt wird. Frisch serviert, so heißt es hier nicht anders als in Tunesien oder an der Côte d'Azur, sei bei regelmäßigem Genuss ein langes Leben garantiert.

rund um das futuristische Kaufhaus *(robna kuća).* Shoppen Sie sich Insider Tipp durch die unzähligen Boutiquen mit billigen Textilien aus Italien und Albanien; besonders an luftigen Sommerschnitten mangelt es nicht. Durch den Bau des Frachthafens und die Fertigstellung der Bahnlinie nach Belgrad, deren Endhaltestelle in Bar liegt, gewann die Stadt wirtschaftlich zunehmend an Bedeutung. Unmittelbar neben dem Seehafen verkehren auch die Fähren nach Bari und Ancona.

Jung und Alt versammelt sich hier, wenn die Sonne untergeht. Um den Flair der weitläufigen Uferpromenade wusste schon König Nikola, in dessen ehemaliger Sommerresidenz heute das Stadtmuseum *(Gradski muzej | tgl. 9–13 Uhr | Obala 13. Juli | Eintritt 1 Euro),* untergebracht ist. Alte Olivenpressen, Flaggen aus den Kämpfen mit den Türken und traditionelle Trachten sind hier ausgestellt.

Architektur mit außerirdischer Anmutung: futuristisches Kaufhaus in Bar

STARI BAR ★ **[120 B4]**

Etwa 4 km nördlich von Bar, 18 km von Ulcinj entfernt, am Aufstieg zum Berg *Rumija,* liegt das alte *(stari),* das historische Bar. Die Ursprünge der von einer riesigen Stadtmauer umgebenen Stadt gehen zurück auf das 11. Jh., als Bar noch zum serbischen Küstenstaat Zeta gehörte – aus dieser Zeit stammt auch das Stadttor, dessen Fassaden im 14. Jh. rekonstruiert wurden. Aus dem 12. Jh. stammt die in romanisch-gotischem Stil errichtete St.-Georg-Kathedrale, unter deren Mauern die Reste einer noch älteren Kirche entdeckt wurden. Nicht zu vergessen: die Gebäude aus der Ära der türkischen Besatzung, so etwa das alte Hammam. *Juni–Okt.*

rund um die Uhr zugänglich | Eintritt 1 Euro. Kurz vor Stari Bar, in dem kleinen Örtchen *Mirovica,* steht der angeblich älteste Olivenbaum der Welt. Kinder spielen hier Ball rund um das laut Hinweisschild mehr als 2000 Jahre alte Gewächs.

Insider Tipp

ULCINJ (ULQIN)

[121 D6] **Nirgendwo anders an der Ostadria sind die Strände so lang und sandig wie um Ulcinj (12 000 Ew.), den südlichsten Küstenort Montenegros.** Seit Menschengedenken schwemmt das Meer hier an Salzen reichen Sand an, der durch die Erosion von Quarzfelsen entsteht und über den Flusslauf des montenegrinisch-albanischen Grenzflusses Bojana an die Küste gelangt.

Neben seinen Stränden besticht Ulcinj mit orientalischem Charakter. Vom Mittelalter an siedelten hier Zuwanderer aus dem slawischen Zeta sowie von Süden gekommene Albaner, die heute mehr als drei Viertel der Bevökerung stellen. Der Eindruck, schon mit einem Fuß in Albanien zu stehen, verstärkt sich zudem in Gesprächen mit den Bewohnern: Fast jeder hat einen oder mehrere Verwandte in Albanien oder im Kosovo.

SEHENSWERTES

GRADSKI MUZEJ (STADTMUSEUM)

Das im früheren türkischen Gefängnis untergebrachte Stadtmuseum zeigt vieles, was nicht nur die Phantasie von Kindern anregt, so etwa alte muslimische Grabsteine und türkische Kanonenkugeln. *Mo–Sa 8–14 Uhr | am Westtor von Stari grad | Eintritt 1 Euro*

STARI GRAD (ALTSTADT)

Die Fundamente der hoch über der Neustadt thronenden Altstadt stammen aus illyrischen und griechischen Zeiten und wurden in späteren Jahren von byzantinischen, türkischen und venezianischen Bewohnern und Eroberern immer wieder verändert. Die zyklopischen Mauern der alten Zitadelle erzählen vom Glanz der einstigen Seefahrerstadt, die schon im 2. Jh. v.Chr. von den Römern als *Ocinium* übernommen wurde. Der *Balšić-Turm (Balšića Kula)* wiederum stammt aus der Zeit des mittelalterlichen Staats Raška.

ESSEN & TRINKEN

Viele Albaner haben sich erfolgreich der Gastronomie gewidmet und so kann man zwischen der traditionellen Balkanküche *(ćevapčići* und *ražnjići)* und gutem Fischangebot wählen. Ob im *Aragosta (Mobiltel. 069/69 20 08 €€)* mit Blick auf den Hafen, ob im Antigona *(Mobiltel. 067/85 63 48 €€)* in der Altstadt oder im *Teuta* mit der 130 m² großen Terrasse *(Tel. 030/42 14 22 | €€),* das Preis-Leistungs-Verhältnis stimmt. Am großen Strand, *Velika plaža,* können Sie in vielen Strandbars und Pizzerien gut und günstig essen.

EINKAUFEN

In der *Ulca zlatara,* der Straße der Goldschmiede, findet man zwar mehr Silber als Gold, dafür sind Ulcinjer Silberschmiede für ihre Filigranarbeiten berühmt. Auch andere Silberarbeiten sind in Ulcinj günstiger als woanders in Montenegro. Das gilt auch für Souvenirs aus Muscheln oder Holz. Eine mit Muscheln besetzte Stehlampe kostet zum Beispiel etwa 20 Euro.

ÜBERNACHTEN

Ulcinj wirbt mit großen Campinganlagen, jedoch genügen die Campingplätze selten mitteleuropäischen Standards. Gute Beschreibungen aller Campingplätze in Montenegro finden Sie im Internet auf *www.off-road-reisen.com*. Manchmal ist es günstiger, privat zu wohnen, denn hier bekommen Sie auch während der Hochsaison Betten unter 10 Euro pro Nacht.

DVORI BALŠIĆA

In den Mauern der Altstadt: Neben dem steinernen Stammhaus am Kopf der Altstadt bietet das feinste Hotel von Ulcinj noch zweistöckige Apartments unterhalb des Balšić-Turms an. *19 Zi. | Tel. 030/42 14 57* | €€

LION

In der Mitte des Großen Strands, in der Siedlung *Štoj*, abseits von den engen Gassen der Ulcinjer Altstadt und umgeben von Sand, Strand, Wind und Wellen besticht das Hotel Lion mit einer geschmackvollen Einrichtung und attraktiven Preisen. *25 Zi. | Tel. 030/45 71 56 | www.hotellion-ul.com* | €

VILA TAMARA

Die Besitzerin des Hauses spricht Deutsch und kümmert sich persönlich um ihre Gäste. Den üppigen Garten um das kleine Haus hat sie eigenhändig bepflanzt, die Möbel im Haus geschmackvoll zusammengestellt. Der Blick auf die untergehende Sonne am Stadtstrand ist einmalig, der Oleanderdurft betörend, und die Apartments kosten um 20 Euro pro Nacht. *2 Apartements für bis zu 6 Personen | Mobiltel. 069/46 57 47 | vila_tamara@yahoo.de* | €

> BLOGS & PODCASTS

Gute Tagebücher und Files im Internet

Wer fließend Russisch, Serbisch, gar Montenegrinisch spricht, wird eher fündig. In Deutsch oder Englisch gibt es kaum Blogs, geschweige denn Podcasts. Hilfreich ist der englische Reiseblog

> *www.travelblog.org/Europe/Montenegro*; die meisten anderen, wie

> *http://balkanblog.org* oder

> *http://balkanblick.wordpress.com* bieten allgemeine Infos über die Balkanregion. Es bleiben die deutschen Onlineausgaben der großen Zeitungen *(FAZ, SZ, NZZ)* und Magazine *(Zeit, Stern, Spiegel)*, die sporadisch über Montenegro berichten. Einzig *Youtube* glänzt mit vielen musikalischen und satirischen Beiträgen, diese finden Sie, wenn Sie bei

> *www.youtube.com* unter „search" nach Montenegro suchen, und zwar in vielen Sprachen.

Für den Inhalt der Blogs & Podcasts übernimmt die MARCO POLO Redaktion keine Verantwortung.

Schmale Gassen führen durch die hoch gelegene Altstadt von Ulcinj

FREIZEIT & SPORT

Ulcinj ist ein idealer Standort für Surfer und Taucher. Die Winde sind hier heftiger als im Norden vor Budva oder Tivat, und da die Hotels und Campingplätze südlich der Stadt direkt hinter der Küste liegen, trennt einen nur der 50 m breite Sandstrand *Velika plaža* von den Fluten.

STRÄNDE

STADTSTRÄNDE

Gradska plaža, der Stadtstrand, der auch *Mala plaža,* Kleiner Strand, genannt wird, ist meistens überlaufen. Auf den Klippen, links vom Sandstrand, findet man tiefes Wasser und mehrere kleine Strände. Im Schatten der Zypressen ist ein kleiner FKK-Strand versteckt, ebenso wie der überaus beliebte Frauenstrand, *Ženska plaža.* Schwefel, Radium und Meeressalzen werden hier heilende Wirkung zugeschrieben.

Insider Tipp VALDANOS

Der kleine Kiesstrand, 4 km von Ulcinj entfernt, liegt in einer lang gezogenen Bucht und eignet sich gut zum Schnorcheln und Tauchen. Der Strand ist kostenpflichtig (5 Euro).

VELIKA PLAŽA (GROSSER STRAND) ★

Copacabana und Tropicana heißen Teile des längsten Strands von Montenegro, der sich über 12 km bis zur albanischen Grenze zieht. Ein Traum für kleine Kinder, die im seichten Wasser planschen können. Der Strand ist auch ideal für erfahrene Surfer, wegen der heftigen Nachmittagswinde. Von hier fahren Busse in die Altstadt von Ulcinj, allerdings nicht sehr häufig.

ZIELE IN DER UMGEBUNG

ADA BOJANA [121 F6]

Die im Delta des albanisch-montenegrinischen Grenzflusses gelegene Insel ist nur durch eine Brücke mit dem Festland verbunden. 16 km östlich von Ulcinj liegt hier der längste FKK-Strand Montenegros. Insider Tipp Weil aber Montenegriner aus dem ganzem Land angereist kamen, um nackte Menschen zu begucken, ist der Eintritt für Nichtgäste nicht mehr möglich. Wer es aber wagt, in der ziemlich heruntergekommenen Hotelanlage *Komplex Ada Bojana (250 Zi. | Tel. | 030/45 50 59 | €)* zu wohnen oder wer als Camper nach Ada Bojana kommt, der wird mit großartiger Natur belohnt. Nichts ist perfekt auf Ada Bojana, doch hat sich die kleine

Insel trotz schlechter Unterbringung für Touristen als Paradies für diejenigen gemausert, die ihren Urlaub ohne Klimaanlage und Kabel-TV verbringen möchten. Wind, Wasser und Sonne: Kitesurfer finden hier ideale Voraussetzungen. Schulungen und Wettbewerbe werden von *www.kiteloopcenter.com* organisiert.

VIRPAZAR

[120 A2] **Dass das einzige Städtchen (1000 Ew.) auf der montenegrinischen Seite des Skutarisees über Jahrhunderte hinweg eine strategisch wichtige Position innehatte, sticht Reisenden sofort ins Auge.** An der Kreuzung zwischen dem in den 1970er-Jahren errichteten Bahndamm Richtung Küste und der Uferstraße nach Albanien lag der kleine Fischerort einst auf einer Insel – als letzte Bastion gegen die Türken. Folgt man dem schnurgeraden Damm ein paar Kilometer Richtung Podgorica, zieht links die Festung *Lesendra* vorbei, eine türkische Schutzburg, die die Eroberungen des Istanbuler Paschas sichern sollte.

Heute verbinden zwei Brücken das Fischerstädtchen mit den Uferstreifen. Hinter der Brücke über die *Crmnica* erinnert das in den Fels gehauene Partisanendenkmal an ein weiteres Stück Geschichte: Am 13. Juli 1941 begannen hier die von Josip Broz Titos Gefährten Milovan Đilas geführten montenegrinischen Kommunisten ihren Aufstand gegen die italienischen Faschisten.

Farbenfroh präsentiert sich freitags der Wochenmarkt, der dem Ort seinen Namen gab: Virpazar bedeutet so viel wie lebendiger Markt. In einem Sprachgewirr aus Montenegrinisch und Albanisch bieten Bäuerinnen und Fischer von frischem Olivenöl über Karpfen bis zu Tomaten und Paprika jede Menge natürlicher Köstlichkeiten an. Ab Ende April, wenn Iris und Seerose in voller Blüte stehen, beginnt im Schilf am Ufer für die Vermieter von Ausflugsbooten die Saison.

ESSEN & TRINKEN ÜBERNACHTEN

KONOBA BADANJ

Die kleine Gaststätte am Ufer der Crmnica bietet schmackhafte Karpfen und Ukeleie an, geräuchert oder gegrillt. *Tel. 020/17 11 45* | €

PELIKAN Insider Tipp

Das urig eingerichtete Restaurant am Dorfeingang ist das älteste der Stadt.

> GEGEN DEN STROM

Im Frühjahr fließt die Bojana flussaufwärts

Weil ihr großer Zufluss Drim am Ende des Winters von der Schneeschmelze in den albanischen Bergen mächtig anschwillt, schafft es die Bojana nicht mehr, ihre Richtung zu halten: Statt vom Skutarisee in die Adria fließt der montenegrinisch-albanische Grenzfluss nun flussaufwärts. Den Fischern, die im Delta der Bojana ihre hoch gespannten Netztrapeze über dem Wasser hängen haben, kann es nur recht sein: Fette Fänge sind garantiert.

Lassen Sie sich die traditionell eingerichtete Küche im Dachgeschoss zeigen – metallenes Geschirr vom Ende des 19. Jhs. – und die Feuerstelle, über der die Fänge aus dem See, besonders Ukeleie und Karpfen, geräuchert werden. Neben Fisch aus dem See gibt es eine große Auswahl an in der Adria gefangenen Meerestieren. Es werden auch acht günstige Zimmer vermietet. *Tel. 020/71 11 07* | €–€€

FREIZEIT & SPORT

Angeln, Fischpicknicks auf dem See und Bootstouren zu den Klöstern gehören zu den Topangeboten in Virpazar. Um ihren schmalen Verdienst etwas aufzubessern, sprechen Fischer Besucher oft direkt an, ob sie Lust auf eine Fahrt haben. Organisierte Trips können Sie im Büro des Hotels *Pelikan (Tel. 020/71 11 07)* buchen, ein Fischpicknick kostet etwa 20 Euro.

Idealer Fluss für Urlauber, die es eher ruhig mögen: die Bojana

ZIELE IN DER UMGEBUNG

LIMLJANI [120 A3]

Die besten Weine Montenegros kommen vom flachen Land um den Skutarisee. Die organisierten Ausflüge *Putevi vina* – Besichtigungen der Winzerbetriebe – arten aber eher zu Massenveranstaltungen aus. Angenehmer ist da ein Besuch des kleinen Weinguts *Sjekloća vino (Tel. 020/71 22 31 | www.sjeklocavino.com)*: Insider Tipp Hier kredenzt der Besitzer seinen Besuchern, was sein Keller zu bieten hat. Die Weine sind hochdekoriert, die Grappas hochprozentig. Höchstens zehn Personen gleichzeitig empfängt der Winzer nach telefonischer Anmeldung. Weinprobe, ein kleiner Snack und drei Flaschen Wein kosten 50 Euro pro Person.

PLAVNICA [120 B1]

Auf der Podgorica-Seite des Skutarisees, in Plavnica, haben die Investoren kein Geld gescheut und eine ultramoderne Hotelanlage *(Plavnica Eco Resort | 4 Apartments | Tel. 020/44 37 00 | www.plavnica.info | €€€)* hingestellt. Die Luxusapartments tragen die Namen der letzten montenegrinischen Prinzessinnen, eine futuristische Terrasse mit Seeblick und übergroßem Swimmingpool ist ein angenehmer Aufenthaltsort – tagsüber und nachts. Livemusik, Fashionevents und Misswahlen finden hier statt. An etwas ruhigeren Tagen genießt man den Blick auf den Skutarisee oder fährt mit dem Restaurantschiff über das mit Seerosen bedeckte Wasser.

SKADARSKO JEZERO (SKUTARISEE) ★ [120–121 A–F 1–3]

Von Wein verhangene Vorgärten, zerfallene Kirchen in den Tälern und von weißem Stein ummauerte Friedhöfe inmitten saftiger Weiden und fruchtbarer Felder: Die Anwohner des Skutarisees leben im Einklang mit und vom Reichtum der Natur. Weil der nach seiner wichtigsten Stadt Skadar (albanisch: Shkoder) benannte See von unterirdischen Grundquellen – genannt *oki* (Augen) – gespeist wird, behält das Wasser das ganze Jahr über die gleiche Temperatur bei.

Auf den vor dem Südufer gelegenen Inseln bezogen im 15. Jh. Mönche und Nonnen ihr Quartier. Unbeeindruckt von den rauen Gefilden, gehen deren Nachfahren immer noch Tag für Tag ihrem Glauben nach. Ausflüge auf die Klosterinseln *Gorica, Beška* und *Moračnik* organisieren *Pelikan (Tel. 020/71 11 07)* in *Virparzar* und das Restaurant *Plažc*

Insider Tipp

Eine der drei Klosterinseln im Skutarisee

in *Murići (Mobiltel. 069/66 32 10)* für etwa 15 Euro pro Person. Organisierte Touren gibt es auch auf das sogenannte Alcatraz des Sees: eine kleine, von Seerosenfeldern umgebene Insel, auf der unterschiedliche Vogelarten zwischen den Ruinen des alten Gefängnisses leben. Weil der Wasserspiegel während der Schneeschmelze mehrere Meter ansteigt, sind ausgewählte Brutstätten auf einem Holzgerüst höher gelegt worden. Kaum vorstellbarer Fischreichtum und eine Vogelvielfalt wie nirgendwo anders in Europa machen den im Frühjahr wegen der Schneeschmelze auf über 500 km^2 anschwellenden, im Herbst immer noch über 300 km^2 großen See zu einem Paradies für Fans von Flora und Fauna. Pelikane, Kormorane und Reiher haben hier ihre Brutstätten, Tausende von Zugvögeln fliehen von Spätherbst bis Frühjahr vor den Wintertemperaturen im Norden. Karpfen, die sardinengroßen Ukeleie, Lachsforellen, Hechte und Zander kommen in riesigen Schwärmen vor. Gespeist vom eiskalten Wasser der *Morača,* die auf der Westseite in den See mündet, bildete dieser über Jahrhunderte die umkämpfte Schnittstelle zwischen den rebellischen montenegrinischen Stämmen und den türkischen Eroberern. Heute verläuft die montenegrinisch-albanische Grenze mitten durch den See.

Dieses einmalige Biotop, das atemberaubende Bilder fürs Fotoalbum liefert, ist wirklich einen Abstecher wert: in *Mala Gorica* duftet der Lorbeerbaumwald um die Wette, in Limljani wachsen die Kastaninenbäume in den Himmel. Fjordartig schlängelt sich der Fluss *Rijeka Crnojevića* auf dem Weg zum See, in vielen Farben schimmert die Seeoberfläche, bedeckt von seltenen Pflanzen. Fischerdörfer, die nach Vergangenheit riechen, und Klöster, in denen schwarzgekleidete Nonnen stumm ihre Arbeit verrichten: Das alles sind Bilder einer Welt, die höchstens zwei Stunden vom Touristentrubel an der Küste entfernt ist.

ŽABLJAK **[120 A1]**

In dem verschlafenen, 23 km von Virpazar entfernten Weiler zwischen Flüssen und See hat der Mythos der schwarzen Berge Montenegros vielleicht seinen Ursprung. Denn bevor die Osmanen im 15. Jh. begannen, dem Staatsgründer Ivan Crnojević und seinen Gefährten das Leben schwer zu machen, hatten diese auf der Trutzburg am Rand des Skutarisees ihren Stammsitz aufgeschlagen – ein Hort der Sicherheit inmitten der feindlichen Natur. Doch nachdem die türkischen Truppen Podgorica und Skadar eingenommen hatten, sahen sich die Angehörigen des Crnojević-Clans Ende des 15. Jhs. gezwungen, den in der leicht angreifbaren Ebene gelegenen Rückzugsort zu verlassen – und sich ins Hochland der schwarzen Berge von Obod und Cetinje aufzumachen. Ein kleiner Pfad führt in 15 Minuten zu der gut erhaltenen Ruine hinauf, wo ein herrlicher Ausblick auf die riesige Seen- und Flüsselandschaft winkt, die vor allem nach der Schneeschmelze im Frühjahr in herrlicher Blütenpracht schimmert. An der nordwestlichen Mauer erinnert ein Gedenkstein an die Schlacht von 1835.

> IM HERZEN MONTENEGROS

Prächtige Botschaftsbauten, ein Mausoleum und illyrische Ruinen weisen den Weg durch das karstige Kernland

> Der Weg von Kotor nach Cetinje bietet einen der schönsten Ausblicke Europas. In kürzester Zeit hat man die 1000 m Höhenunterschied bewältigt, nachdem man 30 Haarnadelkurven passiert hat.

Wie auf einenm Präsentierteller liegt der Fjord von Kotor, umgeben von karstigen Bergen des Lovćen. Auch der Weg von Cetinje nach Podgorica ist ein Highlight für sich: da unten, in der Ebene schimmert der Skutarisee grün und dunkelblau in der Sonne.

Bild: Podgorica

CETINJE

KARTE IN DER HINTEREN UMSCHLAGKLAPPE

[118 C3–4] ★ **Die historische Hauptstadt (15 000 Ew.) ist ein großes Freilichtmuseum.** Vor allem die Jahre der ersten Unabhängigkeit Montenegros nach dem Berliner Kongress 1878 haben Spuren hinterlassen: Überall in der Stadt finden sich die Botschaften der Großmächte der Zeit, die hier

CETINJE & PODGORICA

ihre Kontakte zu König Nikola I. pflegten. Der verschaffte dem Kleinstaat durch das geschickte Verheiraten seiner Töchter an die Höfe des alten Kontinents so viel Einfluss wie später nie mehr. Die Geschichte der auf einem kargen Karstfeld gebauten Gemeinde reicht zurück bis ins 15. Jh., als der erste Herrscher Montenegros, Ivan Crnojević, auf dem Rückzug vor den Türken hier seinen Sitz nahm. 1484 ließ der geistliche und politische Führer das Kloster von Cetinje errichten. Ende des 19. Jhs. bekam die verträumte Künstlermetropole ein neues Gesicht, das sie sich bis heute bewahrt hat: flache Häuser und gerade Straßenzüge, gesäumt von Linden und Akazien.

SEHENSWERTES

Die zentrale Verwaltung der Museen der Stadt ist im Regierungshaus *(Vladin Dom)* untergebracht. Hier gibt es auch günstige Sammeltickets zum Preis von 5 Euro, die zum einmaligen Besuch der Kunstgalerie, von Njegoš-, König Nikola- und Historischem Museum berechtigen. Die Öffnungszeiten der Museen sind jeweils *Mitte April–Okt. tgl. 9–17, Nov.–Mitte April Mo–Fr 9–17 Uhr | Eintritt, wenn nicht anders angegeben, 3 Euro.*

In diesem Gebäude residierten die Gesandten Russlands

BILJARDA (NJEGOŠ-MUSEUM)

Die ehemalige Residenz des Dichterfürsten Peter Njegoš beinhaltet neben Büchern aus der Bibliothek des geistlichen und politischen Oberhaupts und eigenen Schriften – darunter das Manuskript des „Bergkranzes" – auch den Billardtisch, nach dem das Gebäude später benannt wurde: Auf Eselsrücken wurde dieser zu Beginn des 19. Jhs. die steinige Straße von Kotor hochgebracht. Mitten im Ersten Weltkrieg entwarfen österreichisch-ungarische Militärs die riesige dreidimensionale Ansicht von Montenegro, die im Südteil des Biljarda-Hofs untergebracht ist. Die plastische Karte ist im Maßstab 1:10 000 gestaltet und stellt das heutige Territorium Montenegros mit den angrenzenden Gebieten dar. *Eintritt 1 Euro zusätzlich*

Insider Tip

BOTSCHAFTSGEBÄUDE

Die Anerkennung Montenegros als souveräner Staat 1878 verschaffte Cetinje enormen Zuwachs an internationaler Bedeutung. Besonders eindrucksvoll sind die Botschaften der damals wichtigsten europäischen

Großmächte: Frankreichs *(Njegoševa)*, Russlands *(Vuka Mićunovića)*, Englands *(Trg Novice Cerovića)* und Österreich-Ungarns *(Pivljanina)*.

CRKVA NA ĆIPURU (SCHLOSSKAPELLE)

1886 auf den Gemäuern des zerstörten historischen Klosters errichtet, beherbergt die kleine Kapelle heute die Särge mit den sterblichen Überresten von König Nikola I. und Königin Milena.

ETNOGRAFSKI MUZEJ (ETHNOGRAFISCHES MUSEUM)

Untergebracht in der früheren serbischen Botschaft, ist hier ausgestellt, was Montenegros Gang durch die Jahrhunderte bestimmte: Waffen, Trachten und Werkzeuge für den Ackerbau. Das Haus ist – selten in Montenegros Museenlandschaft – frisch renoviert. *Trg Novice Cerovića*

MANASTIR (KLOSTER)

Nachdem das vom montenegrinischen Staatsgründer Ivan Crnojević errichtete alte Kloster 1692 von den Türken zerstört wurde, begann Ende des 17. Jhs. die Rekonstruktion des Baus. Doch 1712 und 1785 zerstörten türkische Heere das geistliche Zentrum Montenegros erneut, ehe es in den Jahren darauf in schlichterem Stil restauriert wurde. Sehenswert sind besonders die Klosterschatzkammer und der Reliquienschrein des heiligen Peter von Cetinje.

MUZEJ KRALJA NIKOLE (KÖNIG-NIKOLA-MUSEUM)

Seit 1926 ist das einstige Schloss Museum: Parade-, Jagd-, und Trophäenwaffen des Herrschers zieren das Erdgeschoss. Im ersten Stock bietet ein Rundgang durch die mit Originalmöbeln und -bildern ausgestatteten Wohn- und Arbeitsräume Einblick in das Leben des Königs. *Trg Novice Cerovića*

PLAVI DVORAC (BLAUES SCHLOSS)

Herrlich gelegen im Stadtpark, leuchtet das einstige Wohnhaus von Fürst Danilo in strahlendem Blau. Das Ende des 19. Jhs. entstandene Gebäude diente später als Vorbild für andere Schlösser der Herrscherfamilie in Montenegro.

MARCO POLO HIGHLIGHTS

★ Cetinje
Die Kunsthauptstadt mit ihren alten Botschaften ist ein riesiges Freilichtmuseum (Seite 66)

★ Lovćen
Vom Wahrzeichen des Landes reicht der Blick bis über die Adria nach Italien (Seite 70)

★ Njeguši
Weltberühmt ist der luftgetrocknete Schinken *(Njeguški pršut)*, der seinen Ursprung in diesem Dorf hat (Seite 71)

★ Ikone der Muttergottes von Philermos
Die goldene Ikone soll vom Evangelisten Lukas gemalt worden sein (Seite 70)

UMJETNIČKA GALERIJA (KUNSTMUSEUM)

Untergebracht im ersten Stock des Regierungshauses, finden sich hier Werke klassischer und moderner jugoslawischer und montenegrinischer Kunst. Die Sammlung reicht zurück bis ins 17. Jh. und enthält außerdem Arbeiten der vergangenen Biennalen. Höhepunkt der Ausstellung ist die in der Blauen Kapelle untergebrachte ★ Ikone der Muttergottes von Philermos – der Schutzherrin des Malteserordens und eines der bedeutendsten Heiligtümer des Christentums. *Vladin Dom*

VLAŠKA CRKVA (WALLACHENKIRCHE)

Das älteste Gebäude der Stadt (1450) ist nach den Viehhirten benannt, die hier in der Gegend ihre Herden grasen ließen. Der Legende nach sollen sich unter den zwei Grabsteinen vor der Kirche die Gebeine des Räuberhauptmanns Bajo Pivljanin und seiner Frau befinden, die bei der Verteidigung Cetinjes gegen die Türken ums Leben kamen.

ZETSKI DOM (KÖNIGLICHES THEATER)

Der im Herzen Cetinjes gelegene Dom (Heim) beherbergte zunächst die neu entstandenen Kulturinstitutionen Montenegros, die nach dem Berliner Kongress wie Pilze aus dem Boden schossen: Museum, Bibliothek und Theater.

ESSEN & TRINKEN

BELVEDER

Der Blick von der Terrasse in dem 1888 als Kaffeehaus eröffneten Restaurant reicht über den Skutarisee bis nach Albanien. Probieren Sie das leckere, unter dem *sač* gegarte Lammfleisch. *An der Hauptstraße, von Podgorica kommend links vor der Ortseinfahrt* | *Tel. 041/23 52 82* | €€

ÜBERNACHTEN

GRAND

Das auf dem Gelände des beim Erdbeben 1979 zerstörten Hotels errichtete neue Haus konnte nie wieder den Glanz alter Tage erlangen. Die holzvertäfelten Zimmer, Sauna und Swimmingpool machen den Aufenthalt dennoch sehr angenehm. *202 Zi.* | *Njegoševa* | *Tel. 041/24 24 00* | €€

ZIELE IN DER UMGEBUNG

LOVĆEN ★ [118 A–C 3–4]

Einer der vier Nationalparks Montenegros – und der einzige, aus dem

> DIE BIENNALE VON CETINJE

In den Ateliers des Balkans

Inspiriert vom Fall der Berliner Mauer und der damit verbundenen Aufbruchsstimmung machte Prinz Nikola Petrović Njegoš 1991 Ernst: Um den kulturellen Austausch zwischen Ost- und Westeuropa zu befördern, gründete der Nachfahre von König Nikola I., der heute als Architekt in Paris arbeitet, die Cetinje-Biennale. Anderthalb Jahrzehnte später ist daraus eine feste Institution geworden, die alle zwei Jahre (gerade Jahreszahlen) junge und etablierte Künstler aus allen Teilen des früheren Jugoslawiens zusammenbringt.

der Blick an klaren Tagen bis über das Mittelmeer nach Italien reicht. Auf dem zweithöchsten Berg des Gebirges, dem *Jezerski Vrh,* liegt der Dichterfürst Njegoš in einem überdimensionierten Mausoleum begraben *(Eintritt 2 Euro)*. Die von ihm selbst als Grabstätte ausgewählte Kapelle war von weitaus kleinerem Maßstab. Auskunft über Wanderwege erteilt die Touristeninformation in Cetinje.

NJEGUŠI ★ [118 A3]

Der Geburtsort (200 Ew.) von Dichterfürst Petar Njegoš liegt eine halbe Autostunde von Cetinje entfernt auf dem Weg zur Bucht von Kotor. Wegen ihrer speziellen Räuchertechnik hat der Schinken der Bauern des Dorfs einen Ruhm erlangt, der weit über die Grenzen Montenegros hinausreicht. Auch geräucherten Käse, Wein und selbst gebrannten Schnaps können Sie hier kaufen – achten Sie auf die Schilder *(pršut, sir, vino, rakija)*. Njegoš' Geburtshaus ist nur im Sommer geöffnet und liegt, ausgeschildert, direkt an der Hauptstraße. *Kod Pera Na Bukovicu (Tel. 086/ 76 00 55 | €),* die älteste Gaststätte der Gegend, serviert all die einheimischen Leckereien – und garantiert einen tollen Blick auf den Lovćen.

Njeguši ist der beste Ort für den Beginn einer Wanderung auf den *Jezerski Vrh* (1660 m), den zweithöchsten Gipfel des Lovćen, auf dem auch das Njegoš-Mausoleum steht. Der Pfad beginnt etwa 200 m vor der *Konoba Pera Na Bukovicu* an einer scharfen Linkskurve. An dem Rohrbrunnen hier kann man etwas Trinkwasser tanken und dann in Richtung der Almhütten *Šanik* und *Trešnja* auf dem alten österreichisch-ungarischen Pferdeweg loslegen. Von Trešnja führt der Weg südwestlich in Richtung Jezerski Vrh bis zu einem See unter dem Lovćen, wo schon das Njegoš-Mausoleum zu erkennen ist. Unter der Felsenklippe liegt der Pfad, der weiter bis zur Spitze führt. Der

Njeguši ist berühmt für seine Schinken

Aufstieg dauert etwa vier Stunden. Zurück nach Njeguši, zwischen den beiden höchsten Gipfeln des Lovćen hindurch, braucht man etwa dreieinhalb Stunden.

OBOD [119 D3]

Auf einem kleinen Hügel gegenüber von Rijeka Crnojevića, 18 km von Cetinje entfernt, liegt das Dörfchen Obod (200 Ew.). Eine kleine orthodoxe Kirche und ein paar alte Steinhäuser stehen heute noch hier, Menschen sind kaum zu sehen. 1475 zog sich Prinz Ivan Crnojević mitsamt seiner Entourage vor den Türken vom Skutarisee nach Obod zurück. Nur wenige Jahre nach Erfindung des Buchdrucks durch Johann Gutenberg gründete sein Sohn Đurađ 1493 hier die erste Druckerei in Südosteuropa, die später nach Cetinje verlegt wurde. Das erste in kyrillischer Schrift gedruckte Buch entstand in Obod, und von 1494 an liefen der *Oktoih,* das Buch der Psalme und ein Gebetsbuch regulär aus der Presse. Zwei Jahre später schon war es dann mit der Herrschaft der Crnojević-Dynastie vorerst vorbei: Mit der Flucht Đurađs nach Venedig galt die türkische Eroberung des Landes als abgeschlossen.

Steinerne Fußgängerbrücke in Rijeka Crnojevića

RIJEKA CRNOJEVIĆA [119 D3]

Der alte Weg von Cetinje nach Podgorica belohnt mit herrlichen Ausblicken auf den Skutarisee. Der Fluss *Rijeka Crnojevića* schlängelt sich wunderschön grün in den See hinein. Der Ort selbst hat außer einer alten Türkenbrücke, *Stari most,* wenig zu bieten. Gut essen kann man im gleichnamigen Restaurant *(Tel. 041/ 23 94 29 | €€€).*

PODGORICA

[119 F1] **Spätestens am frühen Abend ist klar, wo das Zentrum der Hauptstadt (140 000 Ew.) liegt: Aus der Zone zwischen Freiheitsstraße (Slobode) und Marka Miljanova sind ab 17 Uhr alle Autos verbannt.** Dann gehört das Areal in der Nähe von Parlament und Nationaltheater den Flaneuren. Und auch sonst gilt: Wer hier länger als nur zur Durchreise verweilt, lernt schnell, zweimal hinzuschauen. Auf der Rückseite der endlosen Häuserblocks am einstigen Lenin-Boulevard *(heute: Bulevar Sveti Petra Cetinjskog)* etwa tun sich plötzlich Dutzende Basketball und Fußball spielende Kinder zusammen und Podgorica avanciert zur Hauptstadt der großzügigen Parkanlagen. Außerdem strömen zwei Flüsse (Morača und Ribnica) mitten durch die Hauptstadt, vier weitere fließen in unmittelbarer Umgebung vorbei – der Grund, weshalb die erste namentliche Erwähnung auf *Ribnica (ribe = Fisch)* lautete, ehe die Stadt 1326 in Podgorica („am Fuß des Hügels") umbenannt wurde. Um den besonderen Einsatz der montenegrinischen Partisanen zu ehren, wurde die im fruchtbaren Zeta-Tal gelegene Stadt im sozialistischen Jugoslawien *Titograd* getauft, ehe 1992 der alte Name erneut gültig wurde.

SEHENSWERTES

CENTAR SAVREMENE UMJETNOSTI CRNE GORE

In den lichtdurchfluteten Räumen des Zentrums für zeitgenössische Kunst am zentralen Boulevard der Stadt werden Werke moderner montenegrinischer Künstler ausgestellt *(Bulevar Sveti Petra Cetinjskog 17)*. Der größere Teil der Sammlung befindet sich im alten Winterschloss von König Nikola im Stadtpark, wo bis 1985 die Galerie der blockfreien Staaten untergebracht war. Und noch heute schmücken neben Gemälden aus Montenegro und den anderen früheren jugoslawischen Teilrepubliken Bilder aus Bolivien, Ägypten oder Kuba die Wände. *Ljubljanska | Mo–Fr 9–14 und 17–21, Sa 10–14 Uhr | Eintritt frei*

GORICA

Vom Nordhügel haben Sie eine tolle Aussicht auf die Morača und das Stadion des FK Budućnost (Zukunft) Podgorica und können außerdem einen Blick in die schon im 12. Jh. errichtete Kirche St. Georg *(Sveti Đorđe)* werfen.

> BÜCHER & FILME

Zur Einstimmung auf die Reise

> **Enzyklopädie der Toten** – Danilo Kiš (1935–89) wird zu den bedeutendsten Literaten des Balkans gezählt. Seine Parabeln über Leben, Liebe und Tod haben ihn berühmt gemacht. Die meisten seiner Bücher gibt es auch auf Deutsch.

> **Die Brücke über die Drina** – Für die Geschichte der steinernen Brücke, die in der Türkenzeit über den Fluss Drina gebaut wurde, hat Ivo Andrić (1892–1975) 1961 den Nobelpreis nach Jugoslawien getragen. Seinen Lebensabend verbrachte Andrić in Herceg Novi.

> **Winnetou besuchen in Trebinje** – Die montenegrinischen Regisseure haben bisher in Belgrad oder Zagreb gearbeitet, eine heimische Filmindustrie ist im Aufbau. Wer Karl-May-Filme mag, kann die Originalkulissen in Trebinje, Popovo polje, besuchen. Die meisten von ihnen wurden im ehemaligen Jugoslawien gedreht. In der Nähe von Trebinje (Serbien), auf halbem Weg zwischen Dubrovnik und Herceg Novi, kann man die verfallenen Kulissen besuchen, in denen Winnetou und Old Shatterhand ihre Abenteuer erlebt haben.

PODGORICA

STARA VAROŠ

Die Ribnica bildet die Grenzlinie zwischen neuem *(nova)* und altem *(stara)* Stadtgebiet. Beim Ruf des Muezzins erwacht die Zeit der osmanischen Herrscher hier zum Leben.

Minarett der Stara-Varoš-Moschee

Sehenswert: der Uhrtum *(Sahat Kula)* am *Trg Vojvode Bećir Bega Osmanagića*. Der Platz ist nach dem Pascha des Gebiets im 18. Jh. benannt.

ESSEN & TRINKEN

CABALLERO

Vor allem für Vegetarier bietet sich das entspannte Lokal mit der großen Salatauswahl mitten im Zentrum an. *Marka Miljanova 17 | Tel. 020/ 23 01 08* | €€

MAREZA

Das am Nordrand von Podgorica gelegene Restaurant verfügt über eine eigene Forellenzucht und bietet Besuchern hervorragende einheimische Küche. *Mareza | Tel. 020/28 10 09* | €€

MAŠA

Insider Tip

Das Edelrestaurant hat neben hausgemachter Pasta viele delikat zubereitete einheimische Spezialitäten im Angebot. Probieren Sie den leckeren Truthahn in Gorgonzolasauce! *Bulevar Sveti Petra Cetinjskog 31 | Tel 020/22 44 60* | €€€

ÜBERNACHTEN

CRNA GORA

Das Restaurant ist immer noch der Treffpunkt der montenegrinischen *upper few*, doch die Zimmer des einst ehrwürdigen Hotels können mit den renovierten der privaten Konkurrenz nicht mehr mithalten. Allein seiner illustren Gäste und des echten alten Charmes wegen lohnt jedoch ein Besuch des Hauses. *142 Zi. | Bulevar Sveti Petra Cetinjskog 11 | Tel. 020/44 34 66* | €€€

EMINENT
Geschäftsreisende steigen meist in einem der ruhigen, auf der Rückseite der belebten Njegoševa gelegenen Apartments ab. *6 Zi., 7 Apartments | Njegoševa 25 | Tel. 020/66 46 46 | eminent@cg.yu* | €€€

sider tipp **KERBER**
Das etwas versteckt gelegene Hotel hat – in Montenegro selten – Internetanschluss in den Zimmern, und in einigen gegen Aufpreis sogar eine Minisauna. *20 Zi. | Novaka Miloševa 6 | Tel. 020/40 54 05 | www.hotelkerber.cg.yu* | €€

LOVĆEN
Auf dem Weg vom Flughafen in die Stadt, 2 km von Podgorica entfernt, sind Gast, Hund und Katze willkommen. 22 Zimmer, Internet, TV, großer Parkplatz und moderate Preise sprechen für sich. *Tel. 020/62 52 19 | www.hotellovcen.cg.yu* | €€

AM ABEND

Wenn die Hitze des Tages endlich verschwunden ist, spielt sich das Leben der Hauptstadt im magischen Viereck zwischen *Stanka Dragojevića, Karađorđeva, Slobode* und *Hercegovačka* ab. Hier liegen die meisten Bars und Kneipen, hier findet sich für jeden Geschmack etwas, sei es in der rustikalen Bierhalle *Pivnica (Stanka Dragojevića 12)*, in der hippen *Buda-Bar (Stanka Dragojevića 26)* oder im auch tagsüber angesagten *Café Intercity (Njegoševa 40)*.

KINO KULTURA
Ausländische Filme laufen in der Regel auf Englisch mit serbischen Untertiteln. *Proleterske Brigade 1 | Tel. 020/23 05 57*

AUSKUNFT

NATIONAL TOURISM ORGANISATION
Mo–Fr 9–15 Uhr | Trg Vektre | Tel. 020/23 51 56 | www.visit-montenegro.cg.yu

ZIELE IN DER UMGEBUNG

DUKLIJA [114 C5]
Die erste von den Römern eroberte illyrische Stadt liegt nur etwa 3 km nördlich von Podgorica, in der Nähe des Dorfs *Pogami,* und hat neben steinernen Überresten einer Therme und einer Basilika auch Spuren eines antiken Abwassersystems vorzuweisen.

MEDUN [119 F1]
Etwa 15 km östlich der Hauptstadt liegen die Überbleibsel einer weiteren illyrischen Stadt, die im 2. Jh. n. Chr. an die Römer fiel. Von dem Gipfel, auf dem einst die Burg stand, reicht der Blick bis zum Skutarisee.

> LOW BUDGET

- Der Sommerschlussverkauf dauert in Montenegro von Juni bis August. Vor allem Kaufhäuser wie *Robna kuća NIKIĆ* in Podgorica *(Kralja Milana 19)* bieten dann Markenware zu günstigen Preisen an.
- In Medun (auf dem Gipfel) befindet sich das Grab des Freiheitskämpfer und Dichters Marko Miljanov und, in seinem einstigen Wohnhaus, ein ihm gewidmetes Museum, dessen Besuch nichts kostet. *Tgl. 9–14 Uhr*

> TANZ AUF DER TARA

Im Durmitor-Gebirge liegen die tiefsten Schluchten und die höchsten Berge Montenegros

> Über 20 Zweitausender, anderthalb Dutzend Gletscherseen und unzählige Quellen, Bäche und Flüsse: Wer reist, um sich ganz der Schönheit der montenegrinischen Bergwelt zu widmen, macht das am besten zwischen Žabljak und Nikšić.

Der Nationalpark Durmitor bietet Bergwanderern unerschöpfliche Routen – und im Winter zählen die Skipisten zu den besten Abfahrten auf dem Balkan. Fast schon ein Muss einer Montenegroreise: eine Raftingfahrt auf der Tara. Zu jeder Jahreszeit eine Augenweide: der Schwarze See *(Crno Jezero)* nahe Žabljak und die Eishöhle *Ledena pećina* mit ihren Stalaktiten und Stalagmiten.

NIKŠIĆ

[114 B4] **Die zweitgrößte Stadt Montenegros (58 000 Ew.) stand historisch immer im Schatten von Podgorica und Cetinje.** Nikšić war zwar unter Tito als die

Bild: Nikšić

DER NORDWESTEN

„Stadt des Stahls und des Biers" bekannt, jedoch blieb von Stahlindustrie, während der Jugoslawien-Kriege wenig übrig, und das berühmte *Nikšićko pivo,* das seit 1896 hier gebraut wurde, trank nun kaum jemand. Erst als die staatliche Brauerei vor ein paar Jahren verkauft wurde, ging es, zumindest bei Bierbrauern, bergauf, die Arbeitslosenzahlen gingen zurück. Von Geschichte und der desolaten wirtschaftlichen Situation unbeeindruckt präsentiert sich jedoch die quirlige, zeitlos wirkende Fußgängerzone mit einem grotesken Glasneubau als Stadthalle: Aufgetakelte junge Frauen und sportlich gekleidete Männer bevölkern die Cafés und Kneipen bis spät am Abend.

Spuren glanzvollerer Zeiten liefern der Palast Fürst Nikolas und Ruinen der von den türkischen Eroberern im 15. Jh. gebauten Burganlage am Stadtrand, wo im Sommer Konzerte stattfinden und Theaterstücke gezeigt werden.

SEHENSWERTES

SVETI VASILIJE OSTROŠKI (ST.-VASILIJE-KIRCHE)

Für den Bau der neben dem Königspalast gelegenen Vasilije-Kirche zeichnete der russische Architekt Preobrazenski verantwortlich. Das 1900 geweihte Gotteshaus wurde zu Ehren der 1878 im Kampf gegen die Türken gefallenen montenegrinischen Soldaten der Gegend errichtet.

UTVRĐENJE (FESTUNG)

Die rund 200 m lange, noch relativ gut erhaltene Festung an der westlichen Zufahrt nach Nikšić errichteten die osmanischen Herrscher im 16. Jh. Zwischen Juni und September dient sie als Bühne für Musiker und Schauspieler.

ZAVIČAJNI MUZEJ GRADA NIKŠIĆA

Das auf zwei Etagen verteilte Heimatmuseum ist untergebracht im ehemaligen Schloss von König Nikola. Es bietet Anschauungsstücke aus dem 18./19. Jh. und der Regierungszeit König Nikolas. *Mo–Sa 10 bis 13 Uhr | Trg Šaka Petrovića 1 | Eintritt 2 Euro*

ESSEN & TRINKEN

KONOBA PORTUN

Im Raucherland Montenegro eine Seltenheit: Hier gibt es eine Nicht-

Das Kloster Ostrog gilt nicht nur orthodoxen Christen als Heiligtum

raucherzone. Das rustikal eingerichtete Lokal befindet sich im Zentrum der Stadt und hat zwei Eingänge: vom Markt aus und von der Hauptstraße aus. Geboten wird die Balkanküche, Pizza und Pasta sowie vegetarische Gerichte zu moderaten Preisen. *Njegoševa bb | Tel. 040/ 21 23 36 | €*

TREBJESA
Deftiges vom Grill und aus der Pfanne servieren die Köche im Restaurant des gleichnamigen Motels, das sich auf einem Hügel am Rand der Stadt befindet. *Tel. 040/73 11 44 | €€*

ÜBERNACHTEN

ONOGOŠT
Realsozialistischer Bau mitten im Zentrum; alles etwas heruntergewirtschaftet, aber funktionstüchtig. *189 Zi. | Njegoševa 24 | Tel. 040/ 24 28 60 | Fax 24 66 19 | www.htponogost.com | €€€*

TREBJESA
Das kleine Hotel liegt ein wenig abseits der Innenstadt, dafür jedoch sehr idyllisch in einem Kiefernwald. *8 Zi. | Tel. 040/73 11 44 | €€€*

ZIEL IN DER UMGEBUNG

OSTROG ★ [114 C4]
Auf den ersten Blick wirken die Wände des kleinen Raums, in dem der Leichnam des heiligen Vasilije aufbewahrt ist, wie tätowiert: Direkt auf den Stein gepinselt sind Heiligenfiguren, die dem Erbauer des Klosters die letzte Ehre erweisen. 1665 ließ der damalige Metropolit der Herzegowina, Vasilije Ostrovski, das weiße Gebäude in den Fels hauen, nachdem er auf der Flucht vor den Türken seinen Stammsitz weiter westlich hatte aufgeben müssen. Später entwickelte sich der 22 km von Nikšić entfernte Fluchtort zur Pilgerstätte für Gläubige aus allen Teilen des früheren Jugoslawiens. Viele orthodoxe Familien lassen ihre Kinder hier taufen – so auch der in Montenegro geborene, seit 1997 wegen Anklage vor dem Haager UN-Tribunal untergetauchte bosnisch-serbische Kriegspräsident Radovan Karadžić. Selbst Katholiken und Muslime betrachten den Ort als Heiligtum. Das Hotel *Glava Zete (Tel. 040/21 26 66 | €)* liegt direkt am Flusslauf der Zeta in dem gleichnamigen Ort. Typisch einheimische Küche (Insider Tipp) können Sie in *Bogetići,* etwa 8 km vor dem Kloster,

MARCO POLO HIGHLIGHTS

★ Durmitor Nacionalni Park
Unberührte Natur in über 2000 m Höhe: der schönste Nationalpark Montenegros (Seite 81)

★ Tara
Beim Rafting durch den tiefsten Canyon Europas reißen die Stromschnellen Sie mit (Seite 83)

★ Ostrog
Das in Fels gehauene orthodoxe Kloster zieht unzählige Pilger an (Seite 79)

★ Piva
Über 1000 m2 Fresken zieren die Wände des mittelalterlichen Klosters (Seite 82)

genießen: *Konoba Koliba | Tel. 040/20 07 04 | €.*

ŽABLJAK

[114 C2] **Die höchstgelegene Stadt (1450 m) Montenegros ist zugleich Zentrum von Gebirgstourismus und Wintersport – mit idealen Ausflugszielen in der unmittelbaren Umgebung.** Im Zweiten Weltkrieg mehrfach zerstört, machen die typischen Berghäuser mit ihren steilen Dächern heute den Reiz der kleinen Gemeinde (2000 Ew.) aus.

Wenn der Morgennebel über dem Schwarzen See *(Crno Jezero)* aufsteigt und sich zwischen den Gipfeln von Bobotov Kuk und den anderen Zweitausendern verflüchtigt, kann man leicht vergessen, dass Menschen hier überhaupt schon ihren Fuß hingesetzt haben.

ESSEN & TRINKEN

CRNO JEZERO

In dem Restaurant direkt am Schwarzen See ist das unterm Kupferdeckel *sač* gegrillte Lammfleisch zu empfehlen – die Feuerstelle befindet sich mitten in der Gaststube. *Tel. 052/36 14 74 | €*

MB

Fein zubereiteten Fisch aus den Flüssen und Seen der Umgebung gibt es im feinsten Restaurant vor Ort. *Tripka Đakovića | Tel. 052/36 16 01 | €€*

DURMITOR

Auch hier wird in der Tradition der Bergküche Montenegros gekocht und gebruzzelt. Das Brot wird im Haus gebacken, Lämmer und Schafe kommen aus den Dörfern Durmitors, der Käse genauso. Gut geeignet für größere Gesellschaften, die Platz auf der geräumigen Terasse finden. Vuka Karadžića 5, Handy: 069/63 73 16

ÜBERNACHTEN

JEZERA

Gelegen am Fuß der Skilifts, bietet das Haus mit den hellen Zimmern im Keller Schwimmbecken, Sauna und Tischtennisgelegenheit. Sozialistischer Charme und eine hilfsbereite Belegschaft. *149 Zi. | 8 Bungalows | Njegoševa | Tel. 052/36 02 06 | www.hmdurmitor.com | €€*

MB

Das liebevoll hergerichtete, in allen Zimmern mit Kiefernholz verkleidete Hotel ist das beste der Stadt. *22 Zi. | Tel. 052/36 16 01 | €€*

MLINSKI POTOK

Der Campingplatz vor alten Berghütten liegt etwas abseits auf dem Weg zum Schwarzen See, der Vermieter bietet auch Zimmer an. *4 Zi. | ausge-*

> LOW BUDGET

- Unbedingt bei Bauern oder auf dem Bauernmarkt nach Käse vom Schaf und Ziege, vor allem nach *kajmak* (geschichteter Rahm) fragen! Käse: bis 5 Euro, *kajmak:* bis 10 Euro.
- *Pečenjara:* Das Wort bedeutet Grillbude. Lammkoteletts, Schweinshaxen, aber auch *ćevapčići* und *pljeskavica* werden hier frisch zubereitet. Vielerorts und leicht zu lokalisieren: Der Knoblauchduft und Rauchschwaden führen hin.

DER NORDWESTEN

Noch in weiter Ferne: der Gipfel des über 2500 m hohen Bobotov Kuk

schildert | *Mobiltel. 069/49 76 25* | *www.sunandsea.net/durmitor* | €

ZIELE IN DER UMGEBUNG

BOBOTOV KUK [114 C2]

Eine durchaus anspruchsvolle Wanderung aus Žabljak auf den höchsten Berg (2522 m) im Durmitor-Gebirge dauert etwa sieben Stunden. Der Anfang des Pfads befindet sich 3 km außerhalb der Gemeinde, am Schwarzen See *(Crno Jezero),* wo ein Schild die markierte Strecke nach *Indjini Dolovi* ausweist. Nach etwa vier Stunden an Karsttrichtern und Steingeröll vorbei ist die Eishöhle *(Ledena pećina)* erreicht, die schon auf über 2000 m Höhe liegt. Weiter steil aufwärts geht es bis zum Aussichtspunkt *Velika Previja,* wo man an einer Quelle Rast machen kann. Bis zum Gipfel des Zweieinhalbtausenders Bobotov Kuk sind es nun noch 45 Minuten. Die Rückkehr vom Gipfel kann von Velika Previja über *Zeleni Vir* und *Urdeni Do* nach *Dobri Do* oder zum Bergsteigerhaus in *Sedlo* erfolgen.

DURMITOR NACIONALNI PARK ★ [114 B–C 2–3]

Der 1980 von der Unesco zum Welterbe der Menschheit erklärte Nationalpark Durmitor bietet auf 390 km^2 alles, was die Herzen von Naturfreunden höher schlagen lässt: tiefe Schluchten, hohe Berge, Höhlen, Gletscherseen und eine schier unerschöpfliche Flora und Fauna. Allein 1300 Pflanzenarten haben Forscher in dem rund um Žabljak gelegenen Areal entdeckt, aber auch Vogelfreunde kommen auf ihre Kosten. Der Park streckt sich über eine Hochebene, die auf etwa 1500 m liegt, aus denen die Gebirgsspitzen herausragen. Höchster Berg ist der *Bobotov Kuk* (2522 m). Fünf Hütten stehen Bergsteigern im Nationalpark zur Verfügung, außerdem Heime in *Škarka, Šusica* und am Gebirgssattel *Sedlo* sowie kleinere Unterkünfte in *Lokvice* und *Velika Kalica.* Ausführliche Infomationen über den Norden von Montenegro gibt es, meistens in Englisch, im Internet unter *www.durmitorcg.com/info_eng.php, www.eco.*

ŽABLJAK

Beeindruckend: die Taraschlucht

tours.cg.yu/eng/home/home.html und *www.discover-montenegro.com/Activities.htm*.

PIVA ★ [114 B2]

Die Geschichte des 55 km von Žabljak entfernten Klosters ist abenteuerlich: Um dem Bau des Staudamms in Plužine nicht zum Opfer zu fallen, wurde 1969 damit begonnen, die im 16. Jh. errichtete dreischiffige Kirche abzutragen und an ihrem heutigen Standort neu zu errichten. Das dauerte genau so lange wie der Bau des mit Fresken übersäten Gotteshauses. Achten Sie auf das Fresko über dem Südeingang: Wohl einmalig in orthodoxen Kirchen, findet sich hier ein Bild des türkischen Paschas Mehmed Sokolović, eines zum Islam konvertierten Verwandten des serbischen Patriarchen der Zeit.

Insider Tipp

PLJEVLJA [114–115 C–D1]

Ausländische Touristen wagen sich selten in die nordwestlichste Stadt Montenegros (19 000 Ew.), dabei lohnt die Reise allemal. Nicht nur wegen des Wahrzeichens der Stadt – die Hussein-Pascha-Moschee *(Husein-pašina džamija)* mit dem langen, schlanken Minarett wurde kurz nach der Eroberung durch die Türken im 16. Jh. errichtet –, sondern auch, weil in der Umgebung antike Spuren illyrischer und römischer Besiedlung zu entdecken sind. Im Örtchen *Komine* fanden Archäologen Reste einer römischen Stadt, von der jedoch nur der Anfangsbuchstabe entziffert werden konnte: *Municipio S* heißt das Gelände jetzt. In *Gotovuša* sind Fundstücke aus der Eisenzeit erhalten. Und nicht zu vergessen: Die Mönche des zu Beginn des 16. Jhs. gebauten Dreieinigkeitsklosters *(Manastir Sveta Trojica)* im Zentrum Pljevljas bewahren eine der reichsten Sammlungen an Ikonen, historischen Dokumenten und Büchern auf dem ganzen Balkan auf. Einfache Zimmer und die beste Küche vor Ort finden Sie im Hotel *Gold (9 Zi. | Miljanova | Tel. 052/32 31 02 | €€)*.

TARA ★ [114–115 C–D 2–4]
Der längste Fluss des Landes ist zugleich der schönste: Über 158 km schlängelt sich die Tara auf montenegrinischem Territorium durch die Landschaft, frisst sich durch Felsen und sprudelt kurz hinter *Leveri* 1300 m tief ein Dutzend Stromschnellen entlang. Der tiefste Canyon Europas ist hier entstanden, der zweittiefste weltweit nach dem Grand Canyon – Grund genug für die Unesco, die Tara 1977 zum Welterbe zu erklären. Ein paar Kilometer weiter trifft sie mit der Piva zusammen und wird zum bosnisch-serbischen Grenzfluss Drina, der von Literaturnobelpreisträger Ivo Andrić in der Stadtsaga „Brücke über die Drina" literarisch verewigt wurde.

Der wilde Fluss, dem Montenegriner den Kosenamen „die Träne Europas" gegeben haben, fließt unweit des Orts Bistrica so langsam, dass man durch den Fluss waten kann. Weil die Einheimischen behauptet haben, man könne dort mit einem Sprung sogar die andere Seite erreichen, hat man diese Stelle „Teufelslügen" genannt.

Mindestens einmal im Leben, schwärmen die Montenegriner, muss man mit Kajak, Floß oder Schlauchboot auf der Tara unterwegs gewesen sein. Spektakulär ist auch der Anblick von oben: In 150 m Höhe spannte 1941 der Brückenbauer Lazar Janković die Tara-Brücke kurz hinter *Đurđevića* über den Fluss. Um den Weitermarsch der nationalsozialistischen Truppen zu vereiteln, sprengte er den Mittelbogen ein Jahr später in die Luft. Imbissstände und ein Denkmal laden zu einem Pausenstopp ein. Raftingtouren werden sogar an der Küste angeboten, eine Tagestour kostet um die 70 Euro. *Vila Jelka (Tel. 020/86 01 50 | Mobiltel. 069/40 00 94 | www.vilajelka.co.me/de)* mit Sitz in Kolašin hat sich auf alle Extremsportarten spezialisiert.

> KIRCHENSTREIT

Orthodoxe gegen Orthodoxe

Überall im Norden Montenegros stehen Kirchen, Klöster und Kapellen, viele von ihnen mit prächtigen Fresken und Ikonen verziert. Drei von vier Montenegriner sind christlich-orthodoxen Glaubens – jener nach Teilung des Römisches Reichs vom Patriarchen in Konstantinopel beförderten Auslegung des Christentums, die durch das Schisma zwischen Byzanz und Rom 1054 endgültig besiegelt wurde. Die montenegrinisch-orthodoxe Kirche hat ihre Eigenständigkeit 1918 verloren, als Montenegro ein Teil Jugoslawiens wurde. Während der Tito-Zeit hatten die Kirchen eh nicht viel zu melden. 1993 erlang die montenegrinisch-orthodoxe Kirche Eigenständigkeit und kämpft seit dieser Zeit gegen die serbisch-orthodoxen Brüder in Belgrad. Seit der Unabhängigkeit von Montenegro im Jahr 2006 besteht die montenegrinische Kirche auf ihrer Eigenständigkeit, obwohl der Streit mit der serbisch-orthodoxen Kirche noch immer nicht beigelegt ist.

> DIE SCHWEIZ DES BALKANS

In der grünen Lunge Montenegros versteckt sich einer der letzten Urwälder Europas

> Über 2000 m hohe, bis weit in den Sommer hinein mit Schneekappen verzierte Berge, schwindelerregend tiefe Täler, klare Flüsse und blaue Seen: Hinter jeder Wegbiegung im Vierländereck mit Serbien, Albanien und dem Kosovo verbirgt sich eine neue, natürliche Überraschung.

Wer jenseits der überlaufenen Touristenzentren an der Adriaküste Ruhe und Abgeschiedenheit sucht, findet sie hier in der Höhenluft bestimmt. Und das zu jeder Jahreszeit – sei es auf einem der zahlreichen Wanderwege durchs Bjelasica-Gebirge, entlang der Canyons von Mrtvica und Morača oder bei der Skiabfahrt vom Berg Ćupović.

Und mehr noch als das: Versteckt im nordöstlichen Hochland zwischen Kolašin, Bijelo Polje und Berane liegt *Biogradska Gora,* einer der drei letzten Urwälder Europas. Mittendrin: *Biogradsko Jezero,* jener ver-

Bild: Biogradsko Jezero

DER NORDOSTEN

wunschene Gletschersee, der dem Nationalpark seinen Namen gab und dem Himmel die Möglichkeit, sein Spiegelbild in immer neuen Farben zu zeigen.

Wie nirgendwo anders im Land sind die Spuren der türkischen Herrschaft im historischen Sandžak lebendig geblieben: Von den Minaretten der vor Jahrhunderten errichteten Moscheen kann man den Aufruf der Muezzins zum Gebet hören.

BIJELO POLJE

[115 E3] **Die Blütenpracht im Frühling erklärt, woher die nur 20 km von der serbischen Grenze entfernte Stadt (17 000 Ew.) ihren Namen („Weißes Feld") hat.** Aber auch im Winter strahlt die hügelige Landschaft rund um die an den Ufern des Lim gelegene Gemeinde ganz in Weiß: Das Skigebiet im Bjelasica-Gebirge ist von hier aus schnell zu erreichen.

BIJELO POLJE

Im 12. Jh. gegründet, entwickelte sich Bijelo Polje bald zum kulturellen und religiösen Zentrum entlang des Richtung Norden weiter nach Serbien fließenden Lim – des drittlängsten Flusses Montenegros. Im Jahr 1321 wurde die von unzähligen Quellen umgebene Stadt Bischofssitz, kurze Zeit später fiel sie in türkische Hand.

Macht Appetit: fangfrisch zubereitete Forellen aus dem Gebirgsbach

SEHENSWERTES

SVETI NIKOLA (ST.-NIKOLAS-KIRCHE)

Vom Zentrum der Kuppel blickt eine bärtige Christusfigur als Pantokrator (Herrscher des Universums) auf die Gläubigen herab – und macht in byzantinischer Tradition den mit herrlichen Fresken geschmückten Kirchenraum im Stadtteil Nikoljac zum Symbol des Kosmos. In der im 14. Jh. gebauten Bibliothek der am Lim-Ufer gelegenen Kirche lagern Dutzende wertvolle handgeschriebene Manuskripte und frühe Buchdrucke.

SVETI PETAR (ST.-PETRUS-KIRCHE)

Insider Tipp

In dem Ende des 12. Jhs. errichteten Gotteshaus entstand eine der bedeutendsten orthodoxen Schriften: das sogenannte Miroslav-Evangelium. Eine Kopie des auf Pergament verfassten Dokuments liegt im Kirchenschiff aus, während das Original zum Ärger vieler Bewohner in der serbischen Hauptstadt Belgrad aufbewahrt wird. Der weiß getünchte Kirchturm kann seine zeitweise Nutzung als Minarett nur unschwer verbergen: Von den Osmanen nach der Eroberung der Stadt zur Moschee umfunktioniert, dient die Kirche erst seit 1912 wieder christlichen Gläubigen.

DER NORDOSTEN

ESSEN & TRINKEN

Insider Tipp

KISJELE VODE

Das Restaurant mit herrlicher Terrasse 3 km nördlich von Bijelo Polje liegt direkt an der Quelle: Zum frisch Gegrillten gibt es Mineralwasser aus der Zapfstelle neben dem Eingang. Füllen Sie sich Ihre Flaschen für die weitere Reise auf! *Kiselje Vode | Tel. 050/47 85 06* | €

EINKAUFEN

Auf dem bunten Wochenmarkt am Samstag verkaufen Bäuerinnen und Bauern aus der Umgebung dicke Wollpullover für kalte Wintertage.

ÜBERNACHTEN

BIJELA RADA

Das einzige Hotel der Stadt liegt im Zentrum und kann nicht verbergen, dass seine besten Zeiten schon etwas zurückliegen. *57 Zi. | in der Fußgängerzone | Tel./Fax 050/27 13 35* | €€

ZIEL IN DER UMGEBUNG

Insider Tipp

LOZNA LUKA [109 E3]

Um die alte Mühle am Fluss Bistrica soll bis 2010 ein „Öko-Dorf", *eko-selo,* entstehen. Die Steinbrücke aus der Osmanenzeit bleibt, und wer den Touristenandrang meiden will, fährt besser am Ostufer des Lim zum Dorf *Gubavac,* 11 km nördlich von Bijelo Polje.

KOLAŠIN

[115 D4] **Der wichtigste Wintersportort (6000 Ew.) im Nordosten Montenegros liegt auf 960 m Höhe – und ist die Wasserscheide des Landes.** Während die Tara weiter Richtung Drina und dann ins Schwarze Meer fließt, führt der Flusslauf der Morača in die Adria. Im Zweiten Weltkrieg gründeten Titos Partisanen hier ihren Antifaschistischen Rat. Wegen seiner Nähe zum Skizentrum Bjelasica und dem Nationalpark Biogradska Gora bietet sich Kolašin als Ausgangspunkt für Erkundungen im Nordosten Montenegros an. Denn hier stimmt im Unterschied zu Bijelo Polje, Berane oder Rožaje die touristische Infrastruktur.

SEHENSWERTES

Insider Tipp

BOTANIČKA BAŠTA (BOTANISCHER GARTEN)

Sein ganzes Leben hat Daniel Vincek der Botanik gewidmet, seinen Spitznamen „der Kräuterkönig" trägt er zu Recht. In seinem Garten in Dulovine

MARCO POLO HIGHLIGHTS

★ **Biogradska Gora**
Urwald und Gletscherseen laden ein zum Abschalten in einem der ältesten ökologischen Schutzgebiete der Welt (Seite 88)

★ **Manastir Morača**
Prächtige Fresken in diesem bedeutenden Kloster aus dem 13. Jh. zeugen von der Macht, die die serbisch-orthodoxe Kirche im Mittelalter hatte (Seite 89)

★ **Plav**
Reizvoller Kontrast: osmanische Moscheen an einem Bergsee zwischen Zweitausendern (Seite 89)

findet man fast alles was hier wächst und gedeiht. Sein Buch „Montenegro – Bergwanderführer" ist auch in deutscher Sprache erhältlich. Führungen unbedingt einen Tag vorher anmelden! *Tel. 020/86 54 77 | Mobiltel. 069/01 54 78 | botanybasta@cg.yu | Eintritt frei*

ESSEN & TRINKEN

Insider Tipp

SAVARDAK

Der Name ist Programm: *Savardak* heißen die Hütten der Hochlandbewohner, und in einer solchen ist das Restaurant am Stadtrand in Richtung Skizentrum Bjelasica untergebracht. Deftiges vom Grill gibt es hier zu essen. *Biocinovići | Tel. 020/86 59 56 | €*

VODENICA

Hier sollten Sie die Forellen aus der Svinjača, die direkt am Haus vorbeifließt, probieren. *Breza | Tel. 020/86 53 38 | €*

ÜBERNACHTEN

BIANCA RESORT & SPA

Ein Traum aus Holz und Stein, mit riesigem Swimmingpool, Spa und Wellness mitten in den Bergen. Die Nobelherberge gehört zu den besten Hotels des Landes. *115 Zi. | Tel. 020/86 30 00 | www.biancaresort.com | €€€*

ČILE

Das rustikal eingerichtete Haus verfügt über ein Restaurant mit einheimischer Küche. *9 Zi. | Braće Milošević | Tel. 020/86 50 39 | www.ziatnido.com | €€*

Insider Tipp

VILA JELKA

Die Villa Tanne, Vila Jelka, ist nicht nur eine süße Familienpension, das Konzept der zwei Brüder ist aufgegangen: Holzhütten, Vollwertküche, Fisch und Fleisch aus der Gegend, aber auch Rafting, Hiking und Jeeptouren sind im Angebot. *8 Zi. | Tel. 020/86 01 50 | Mobiltel. 069/40 00 94 | www.vilajelka.co.me*

>LOW BUDGET

> Die fleißigen Chinesen haben sich auch in Montenegro niedergelassen. Kaum eine Stadt, die nicht einen China Shop hat. Holzlöffel, Plastikgeschirr, mit chinesischen Buchstaben verziert, Schuhe, T-Shirts: Nützliche Dinge und viel Schnickschnack zu günstigen Preisen bieten die unscheinbaren Shops in den Einkaufsstraßen an.

FREIZEIT & SPORT

SKIZENTRUM BJELASICA

So leere Pisten zu so günstigen Preisen wird man in den Alpen vergeblich suchen: Einen Sessel- und drei Schlepplifts hat das 8 km von Kolašin entfernte Skigebiet zu bieten. 10 Euro kostet die Tages-, 60 Euro die Wochenkarte. Zwei Skiverleihe gibt es auch: Für Stiefel, Skier und Stöcke legt man 10 Euro am Tag hin. Die Hotels in der Stadt organisieren den Transport vom und zum Zentrum.

ZIELE IN DER UMGEBUNG

BIOGRADSKA GORA ★ [115 D–E 3–4]

Das 1952 zum Nationalpark erklärte Naturreservat enthält einen der drei letzten Urwälder Europas. Dass auf so engem Raum so viele völlig unberührte Flecken erhalten bleiben konnten, ist nicht zuletzt Fürst Nikola I. zu verdanken. Schon 1878, nur sechs Jahre nach Gründung des Yellowstone-Nationalparks in den USA, erklärte er Biogradska Gora zum ökologischen Schutzgebiet. Besonders interessant sind die Bergaugen *(gorske oči)* genannten Seen, von denen der Biogradskosee *(Biogradsko Jezero)* der schönste ist. Auskünfte und eine Wanderkarte gibt es im Büro des Nationalparks direkt am See. Es werden auch *12 Bungalows* vermietet *(Tel. 020/86 50 46 | €). Mai–Aug. tgl. 7–14 Uhr*

MANASTIR MORAČA ★ **[115 D4]**
Kurz hinter dem Zusammenfluss von Mrtvica und Morača, ungefähr 30 km südwestlich von Kolašin, liegt eines der kunsthistorisch bedeutendsten Klöster der serbisch-orthodoxen Kirche, das 1252 erbaute Kloster Morača. Hier sind es vor allem die nach der Plünderung durch die türkischen Eroberer im 16./17. Jh. hinzugekommenen Fresken, die einen Besuch lohnen. *Tgl. 8–18 Uhr | Eintritt frei*

PLAV ★ **[115 E5]**
Nur 2000 Einwohner zählt das verschlafene Nest, in dessen Nähe der Bergsee *Plavsko jezero* liegt. Der 2000 m lange und 1400 m breite See, versteckt in dichten Wäldern, liegt am Fuße des Prokletija-Gebirge (2700 m), das ob seiner kahlen Steilwände der Verwunschene Berg heißt. Sehenswert in Plav sind die Vezirova-Moschee von 1741 und die drei Jahrzehnte später erbaute Redžepagića-Moschee. Der Wohnturm der einstigen Herrscherfamilie *(Kula Redžepagića)* befindet sich direkt oberhalb des Gebetshauses. *63 km südöstlich*

Prachtvolle Fresken im Kloster Morača

> BERGE, BURGEN, SCHLUCHTEN

Eines sollte man in Montenegro nicht machen: nur faul in der Sonne liegen. Denn in diesem kleinen Land liegt alles dicht beieinander und wartet nur darauf, entdeckt zu werden

Die Touren sind auf dem hinteren Umschlag und im Reiseatlas grün markiert

1 VON DER KÜSTE IN DEN KARST

Die landschaftliche Vielfalt Montenegros ist überall beeindruckend, doch in kaum einer anderen Ecke tritt sie so geballt auf wie in der Bucht von Kotor: Steil ragen die Hänge hier direkt vom Ufer weg in die Höhe, die Konturen der alten venezianischen Städtchen am klaren Wasser verschwimmen, je höher das Auto die Straße erklimmt. Und kaum gerät die Adria aus dem Blick, verändert sich schon wieder die Landschaft: Karstige Berge prägen nun das Bild. Hierher, in diese nur schwer zugängliche Region, zogen sich die montenegrinischen Herrscher im 15. Jh. vor den türkischen Eroberern zurück und gründeten die Hauptstadt Cetinje. Die Tagestour von Kotor bis Budva ist einschließlich eines Abstechers zum Njegoš-Mausoleum etwa 120 km lang.

Haben Sie **Kotor** *(S. 38)* am südlichen Ortsausgang verlassen, errei-

Bild: Dormitor

AUSFLÜGE & TOUREN

chen Sie nach etwa 4 km eine Kreuzung, an der es links und bergauf weiter Richtung Cetinje geht. Hier beginnt zugleich die sogenannte Leiter von Cattaro, jene Straße, die bis Ende des 19. Jhs. den einzigen Zugang ins Landesinnere bildete. Längst asphaltiert, schlängelt sich die Auffahrt kurvenreich nach oben und bietet atemberaubende Ausblicke auf die Bucht von Kotor. In die 32 Serpentinen versteckte der Straßenbauingeneur ein M, weil er, so die Legende, unsterblich in die Königin Milena verliebt war.

Den tollsten Blick auf die Becken der Bucht haben Sie kurz vor dem Dörfchen **Krstac**. Aber auch schon während des Aufstiegs finden sich immer wieder kleine Parkbuchten, wo Sie halten und den Ausblick genießen können. Von Krstac bis nach **Njeguši** *(S. 71)* sind es jetzt noch gut 2 km – der Geburtsort des Dichterfürsten Njegoš liegt direkt zu Füßen des Lovćen-Nationalparks. Neben einem Besuch seines Geburtshauses bietet sich der Ort zum Kauf von geräuchertem Schinken und Käse oder selbst gebranntem Schnaps an. Die Straße Richtung Cetinje steigt nach Njeguši weiter an und verläuft nun entlang von Feldern unterhalb der beiden höchsten Lovćen-Gipfel Štirovnik und Jezerski VRH. Bei klarem Himmel reicht der Blick bis zum Goija-Gebirge im Nordwesten Montenegros. Nach einer knappen halben Stunden haben Sie **Cetinje** *(S. 66)* erreicht. Die Kulturhauptstadt des Landes lässt sich leicht erschließen. Schon ein Spaziergang entlang der Flaniermeile Njegoševa, von der früheren französischen Botschaft hinunter zum Blauen Palast, wird Ihnen den besonderen Flair des Orts näherbringen. Besuchen Sie die von österreichischen Heeresstrategen im Ersten Weltkrieg fertig gestellte Reliefkarte Montenegros, und machen Sie sich selbst ein Bild davon, wie aufwendig es gewesen sein muss, das unzugängliche Gebiet zu beherrschen.

Ein Abstecher führt von Cetinje in den **Lovćen-Nationalpark**. Die knapp 20 km lange Strecke ist vom nordwestlichen Ortsausgang gut ausgeschildert. Nach jahrzehntelanger Bauzeit eröffnete auf dem zweithöchsten Gipfel, dem Jezerski VRH, 1974 das vom kroatischen Bildhauer Ivan Meštrović entworfene **Njegoš-Mausoleum**. Unweit des überdimensionierten Baus gibt es eine Aussichtsplattform, von wo der Blick an klaren Tagen bis zu den albanischen Bergen reicht.

Hinunter vom Lovćen, führt die Strecke über Cetinje weiter westlich durch das karstige Hochland Richtung Küste. Ganz unterwartet, wenn man denkt, es kann nicht mehr höher gehen, taucht am Fuß des Bergs die Riviera auf wie auf einem Präsentierteller: weiße Buchten, in Felsen eingebetet, Budva, Petrovac, und dazwischen Sv.Stefan, die malerische Hotelinsel. Bis zum Abschlusspunkt der Tagestour, der traumhaften Altstadt von **Budva** *(S. 49)*, sind es nun noch ungefähr 20 Minuten. Aber natürlich ist es Ihnen überlassen, die Tour bis **Tivat** *(S. 43)* zu verlängern. Und auch die Rückkehr an den Ausgangspunkt Kotor kostet Sie von Budva aus nur rund eine halbe Autostunde mehr.

2 DIE SCHLUCHTEN DER TARA

Weitab von den Touristenzentren an der Küste, bietet der Norden Montenegros Einblick in unberührte Landschaften. Höhepunkt der abgeschiedenen Bergwelt: Eine Fahrt auf dem oder entlang des Tara-Flusses, der sich hinter Kolašin im Nordwesten Montenegros immer mehr verengt und schließlich in reißenden Stromschnellen Richtung bosnischer Grenze fließt. Der Halbtagesausflug von Žabljak im Herzen des Durmitor-Gebirges führt an Mojkovac vorbei zum Nationalpark Biogradska Gora, wo zahlreiche Wanderrouten zum Ausflug in einen der letzten Urwälder Europas einladen. Von Žabljak bis zum Eingang des Parks sind es knapp 90 km.

Im Rücken den Bobotov Kuk (2522 m) führt die Straße von **Žabljak** *(S. 80)* Richtung Tara schon bald zügig bergab. Nadelbäume säumen die Strecke, ehe sich nach 23 km der längste Fluss des Landes zeigt. Imbissstände und ein Restaurant stehen am Rand der 150 m hohen Bogenbrücke, die sich hier über die Tara spannt.

Kleine Haltebuchten am Straßenrand erlauben es auf den nächsten 30 km immer wieder, anzuhalten und dem Lauf des Flusses zwischen Felsen und Farnen zuzuschauen. Erst kurz vor Bistrica krümmt sich die Straße von der Tara weg und klimmt den Berg hinauf – ein Panoramahalt ist hier eingerichtet und gibt den Blick frei auf den nun in ganzer Breite durchs Tal fließenden Strom.

Bis **Mojkovac** folgt die Straße dann wieder dem Fluss. Am großen Partisanendenkmal vor der Stadt biegt die Straße nach Süden Richtung Kolašin ab. Das heute schmucklose Mojkovac ist ein historischer Ort, an dem unzählige Schlachten stattfanden, weil dies früher der einzige Zugang für Eroberer war, die, aus Serbien oder dem Kosovo kommend, nach Montenegro eindringen wollten.

Neben der Brücke über die Tara steht ein Gefallenendenkmal

Bis zur Zufahrt zum Nationalpark **Biogradska Gora** *(S. 88)* sind es noch 2 km, Schilder weisen den Weg zum Parkplatz am Biogradskosee. In einer Holzhütte können Sie eine Wanderkarte kaufen. Touren zu den Gletscherseen des Parks sind möglich, auch Übernachtungsmöglichkeiten am See gibt es: Zwölf *Bungalows (€)* stellt die Parkverwaltung zur Verfügung.

EIN TAG RUND UM PODGORICA

Action pur und einmalige Erlebnisse.
Gehen Sie auf Tour mit unserem Szene-Scout

FRÜHSTÜCK MIT BUCH

9:00

Der Tag beginnt am schönsten im *Café Karver*, das sich in den renovierten Räumen eines früheren türkischen Badehauses befindet. Wer im zugehörigen Buchladen nebenan ein Buch kauft, bekommt den Kaffee sogar kostenlos! **WO?** *Obala Ribnice bb, Podgorica | Tel. 020/60 26 25*

10:00

SCENIC FLIGHT

Gleich nach dem Frühstück gehts hoch hinaus. Von einem Wasserflugzeug aus genießt man mit einem Glas Sekt in der Hand die wunderschöne Landschaft und den Skutarisee unter sich. Die Landung auf dem Wasser ist nicht weniger beeindruckend! **WO?** *Aerodrom Dolac, Berane | Anmeldung unter Tel. 069/65 52 29 | Kosten: ab 50 Euro | www.aqvius.com*

BIRDWATCHING

12:00

Wieder festen Boden unter den Füßen? Am Skutarisee haben Interessierte die Möglichkeit. mehr als 300 Vogelarten zu beobachten. Dabei erklären Guides das Verhalten von Pelikanen, Kormoranen und Co. **WO?** *Center for protection and research of birds, Piperska 370 a, Podgorica | Tel. 067/24 50 06 | www.birdwatchingmn.org*

14:00

ESSEN AM SKADAR LAKE

Im Garten des Restaurants *Jezero* unter schattenspendenden Bäumen Platz nehmen und sich von der freundlichen Bedienung bei der Speisenwahl beraten lassen. Es gibt Fleisch in allen Variationen und dazu ein kühles Glas Wein. **WO?** *Vranjina bb, Podgorica | Tel.020/65 80 23*

24 h

WINDSURFING

15:30

Das Surfbrett wartet schon. Ein Lehrer vom *Windsurf Club Pelikan* erklärt Anfängern die besten Techniken, sich auf dem Brett zu halten und das Segel in den Wind zu stellen. Sieht schwieriger aus als es ist, denn nach der kurzen Einführung geht es los, und die Surfer nehmen die Wellen des Skutarisees. **WO?** *Vranjina bb, Podgorica | Tel. 067/26 26 26 | Kosten: 7–10 Euro/Std. | www.pelikansurf.cg.yu*

18:30

BESONDERES DINNER

Wer Lust auf Fleisch und Fisch hat, ist im *Dvor* richtig. Das Restaurant liegt in einem Gebäude aus dem 18. Jh. Das Fleisch wird traditionell in einem Topf zubereitet, der im Feuer steht. Weiteres Highlight: Musiker spielen live traditionelle und moderne Songs. Die perfekte Untermalung zum Essen! **WO?** *Kralja Nikole 36, Podgorica*

KULTURHIGHLIGHT

20:00

Für den Abend ist Schickmachen angesagt – schießlich es geht ins *Montenegrin National Theater*. Kulturfans kommen hier voll und ganz auf ihre Kosten. Zur Auswahl stehen neben Theaterstücken, Kabarett und Musical auch mal Kinofilme und Livekonzerte. **WO?** *Ul. Stanka Dragojevica br. 18, Podgorica | www.cnp.cg.yu*

23:30

KULT-PARTY

Der beliebteste Club der City ist miniklein, befindet sich in einem Keller und ist ein absoluter Hotspot! Nicht umsonst trägt er den namen *Culto*, schließlich hat der Club mittlerweile Kultstatus erreicht. Die Stimmung ist sensationell und die Musik vom Feinsten. Hier gibt es nur eines: Party machen! **WO?** *Hercegovačka 50, Podgorica | www.culto.cg.yu*

> EIN PARADIES FÜR WASSERRATTEN UND WANDERER

Von Angeln bis Skifahren – Montenegro bietet alles, was das Herz eines Sportlers begehrt

> Hartgesottene sollen es schon hinbekommen haben: den Morgen mit einem Bad in der Adria begonnen, am Nachmittag dann auf Skiern die Hänge des Durmitor hinuntergerauscht.

In manchen Tälern ist das im Juli noch möglich, doch meist beginnt der jahreszeitbedingte Wandel von Wintersport- zu Wanderzielen Anfang April – beides in herrlich unberührter Landschaft. Auf längeren wie kürzeren Touren bieten die vier Nationalparks in Durmitor-, Lovćen- und Bjelasica-Gebirge sowie am Skutarisee Flora und Fauna in Fülle, was natürlich auch für Vogel- und Angelfreunde interessant ist. An der Adria lässt es sich schon ab April in lauer Frühlingsluft entspannen – mit Neoprenanzug ist Tauchen somit kein Problem. Bis in den September hinein erlaubt das durchschnittlich mehr als 20 Grad warme Wasser sportliche Aktivitäten: Windsurfen,

> www.marcopolo.de/montenegro

SPORT & AKTIVITÄTEN

Schnorcheln, Schwimmen und Segeln. Wasserspaß ganz besonderer Art liefert eine Raftingtour durch den Tara-Canyon, den tiefsten Europas.

ANGELN

Dutzende Flüsse und Hunderte von Bächen durchziehen Montenegro, etliche Seen, darunter mit dem Skutarisee der größte des Balkans, liegen im ganzen Land verstreut. Und dann noch die Adria: Kein Wunder, dass Angeln fast so etwas wie ein Volkssport ist. Organisierte Fischpicknicks auf hoher See gehören seit langem zum touristischen Standardprogramm der Anbieter in den Küstenstädten. Auch in *Virpazar* am Skutarisee werden solche Angeltouren angeboten. Im Hochland gelten der See *Crno Jezero* bei *Žabljak* und die Flüsse *Morača* und *Lim* als besonders fischreich. Der Sportfischerbund sitzt in Podgorica *(Savez sport-*

sko-ribolovnih organizacija | Tel. 020/48 22 81 | spasop@mn.yu).

BERGWANDERN

Vier Nationalparks *(Durmitor, Biogradska Gora, Lovćen, Skadarsko jezero)* und die unberührte, wilde Natur warten auf Wanderer. Exzellente Ziele selbst für ambitionierte Bergwanderer. Tagestouren oder längere Wanderungen durch das montenegrinische Hochland sind auf eigene Faust möglich, ratsam ist es aber, sich bei den Informationsstellen in *Žabljak* oder *Kolašin* vorher zu erkundigen, welche Strecken besser nicht allein angegangen werden sollten. Diese vermitteln auch den Kontakt zu lokalen Führern. Begleitete Touren mit Übernachtung werden überall angeboten, den besten Service bieten zwei Brüder in Kolašin. Ihre Touren decken das Gebiet von Durmitor und Bjelasica ab *(Tel. 069/40 00 94 | www.vilajelka.co.me).*

PARAGLIDING

Die Küste gehört den Kühnen, wenn sie in die Lüfte gehen. Mehrere Anbieter, von Herceg Novi bis Ulcinj, bieten das prickelnde Vergnügen an. Wer Bungeejumping üben will, kann das aus 40 m Höhe in Jaz bei Budva tun.

RAFTING

Eine Raftingtour auf dem längsten und tiefsten Canyon Europas, der Tara, gehört zu den Highlights eines Montenegroaufenthalts. Mehr als 100 km zieht sich der Fluss durch das Hochland im Nordwesten, fließt unter der eindrucksvollen Tara-Brücke durch – und schaukelt die Reisenden immer wieder ganz gut durcheinander. Die Länge des Trips ist variabel, die Liste der Anbieter groß. *Eco Tours (Tel. 020/86 07 00 | www.eco-tours.cg.yu)* aus Kolašin hat das umfangreichste Programm, das auch Mountainbiking oder Jeepsafaris anbietet. Außerdem ist die Unterbringung in Kolašin grundsätzlich besser als in Žabljak.

SEGELN

Von Herceg Novi bis Bar warten gut bestückte Marinas auf Adriasegler. Unzählige Regatten, vor allem für Boote mit kleinen und mittleren Masten, zeigen, welche Bedeutung Segeln für Montenegro hat. Auch Segelyachten chartern hat Konjuktur. Master Yachting Deutschland erledigt alle Formalitäten vorab *(Tel. 0800/46 62 78 37 | www.master-yachting.de).* Infos vor Ort gibt es in Englisch unter *Tel. 020/20 24 70* oder *www.montenegrocharter.com.*

SKISPORT

Das kontinentale Klima im Norden sorgt für eisige Winter in den montenegrinischen Gebirgen. Zwei Skizentren befinden sich hier – *Durmitor* und *Bjelasica* –, die von Dezember bis März vor allem von Wintersportlern aus den früheren jugoslawischen Teilrepubliken gut besucht werden. Die Hotels in Kolašin organisieren Fahrten zu den Pisten im 8 km entfernten Skizentrum *Bjelasica*. Das Angebot rund um *Žabjljak* ist noch etwas vielfältiger: *Savin Kuk, Štuoc* und *Javoravaćaa* heißen die skitauglichen Hänge im Durmitor-Gebirge, die teils über 2000 m hoch liegen *(www.durmitor.com).*

SPORT & AKTIVITÄTEN

TAUCHEN

Angenehme Wassertemperaturen, Korallenriffe, versunkene Schiffe und Unterwasserhöhlen machen die Adria zum idealen Taucherrevier. Entlang der Küste ist das Meer etwa 35 m tief. Im Sommer liegen die Wassertemperaturen zwischen 21 und 25 Grad. Die Tauchpässe der international gängigen Tauchverbände werden anerkannt, Tauchgänge können jedoch nur gemeinsam mit den montenegrinischen Anbietern erfolgen. *Aquanaut Sumbarine Explorers Club | Tel. 020/28 12 11 | www.aquanaut.cg.yu*

VÖGEL BEOBACHTEN

Die landschaftliche Vielfalt Montenegros sorgt für einen unglaublichen Vogelreichtum. Allein am *Skutarisee (www.plavnica.info/environment/html)* tummeln sich fast 300 verschiedene Arten, im Winter ziehen sich hierhin eine Viertelmillion Vögel aus dem kälteren Nordeuropa zurück. Pelikane und die zweitgrößte Kormorankolonie Europas sind hier zu Hause. Für Vogelfreunde ebenfalls interessant: das Urwaldgebiet im Nationalpark *Biogradska Gora* und die Reviere im *Durmitor-Gebirge,* wo Ornithologen mehr als 100 Arten entdeckt haben.

WINDSURFEN

Geübte Windsurfer finden vor *Ulcinj* hohe Wellen und starke Winde vor. Anfänger sollten es dagegen lieber in der geschützten Bucht von *Kotor* versuchen. Reizvoll kann aber auch die Süßwasservariante sein: Auf dem *Skutarisee* wird seit einiger Zeit wieder gesurft.

Feuchtfröhliches Vergnügen für Abenteuerlustige: Rafting auf der Tara

ES GEHT AUCH OHNE SPASSBAD

Der Alltag an der Adria und die urige Bergwelt bieten Kindern etliche Unterhaltungsmöglichkeiten

> Kinder sind das Glück dieser Erde, heißt es in Montenegro. Seltsam jedoch, dass auch hier immer weniger Kinder geboren werden. Die Großväter zogen bis zu neun Kinder groß, ihre Töchter brachten mindestens vier zur Welt, während in der nächsten Generation ein Kind, höchstens zwei pro Familie geboren wurden. Nichtsdestoweniger nehmen Kinder eifrig am Familienleben teil, dürfen bis spät abends aufbleiben, beim Abendessen in der *kafana* dabei sein.

Wer mit Kindern nach Montenegro reist, findet zuerst in vielen Parks Rutschen und Schaukeln, allerdings nicht immer im besten Zustand. An fast jedem Strand gibt es Tretboote und Wasserrutschen, die Kinderherzen erfreuen. Elektroautos, die als Porsche, Feuerwehrwagen oder Polizeiauto vor sich hin tuckernden Gefährte, gibt es auch in Cetinje oder Podgorica. Im Landesinnern können Eltern mit Kindern in *dečija odmarališta,* in speziellen Kinderhotels, Urlaub machen. Die Unterbringung hier ist eher karg, der Vorteil: Kinder spielen mit Gleichaltrigen.

Überall an der Küste werden Bootstouren angeboten, oft auch Tauchkurse nur für Kinder. Wer reiten lernen oder nur mit Papa oder Mama auf einem Pferderücken sitzen möchte, der fährt zum Ulcinjer Großen Strand an der albanischen Grenze. Galoppieren an einem kilometerlangen Sandstrand, der Sonne entgegen – das vergisst man nicht so schnell.

Ein Ausflug zum Skutarisee lohnt für Kinder besonders: Seltene Vögel, Pelikane und sogar ein kleines Nilpferd warten auf den Besuch *(www.plavnica.info)*. Alles in allem, Montenegro kann, wenn die Reise richtig geplant ist, ein Paradies für Kinder sein.

DIE BUCHT VON KOTOR

Die bunte Pracht des Sommerkarnevals in der Kotorbucht ist für Kinder wie geschaffen. Außergewöhnlich: die *Fašinada,* die Prozession auf dem Was-

> MIT KINDERN UNTERWEGS

ser: fackelbestückte Ruderboote fahren von Perast zur kleinen Insel Gospa od Škrpjela *(Infos unter www.visit-montenegro.com/cities-kotor.htm)*.

ADRIA UND SKUTARISEE

Im Hotel *Mediteran* in Bečići *(www.hotelmediteran.info)* ist auf 7500 m² ein großer Aquapark gebaut, der vom Hotel aus direkt zum Strand führt. Auch zwei Kinderbecken, 60 und 70 m² groß, stehen zur Verfügung (Eintritt 15 Euro). Wer im November an die Adria fährt – oft ist dann Baden noch möglich – kann in der Nähe von Bar eine Kinderausstellung besuchen. Werke zum Thema „Olive, Frieden, Freundschaft" werden unter dem ältesten Olivenbaum des Landes ausgestellt.

CETINJE & PODGORICA

Im Museum des Dichterfürsten Njegoš in Cetinje, *Biljarda,* können Kinder und Erwachsene Montenegro auf dem Präsentierteller sehen: Berge, Schluchten, Flüsse, das Meer und die Städte, alles im Maßstab 1:10 000, lassen die Reiseroute lebendig werden.

DER NORDWESTEN

In der unberührten Natur von Durmitor liegen Bauernhöfe, *katuni,* in denen von freilaufenden Tieren Ziegenmilch und Schafskäse noch von Hand gemacht werden. Fragen Sie vor Ort nach einem *katun* und zeigen Sie ihren Kindern, wie es einmal war. Bei den sprichwörtlich gastfreundlichen Montenegrinern können Sie mit den Tieren spielen und zusehen, wie der Käse gemacht wird.

DER NORDOSTEN

Ein Mini-Botanischer Garten ist das Lebenswerk des „Kräuterkönigs" von Montenegro, Daniel Vincek, der aus seinen Kräutern auch Heiltees herstellt. Zu sehen sind Pflanzen und Kräuter der Gebirgsflora; der freundliche Herr Vincek beantwortet gern Fragen. *Dulovina (bei Kolašin),* telefonische Anmeldung ist erforderlich: *Tel. 020/86 54 77 | Mobiltel. 069/01 54 78*

> VON ANREISE BIS ZOLL

Urlaub von Anfang bis Ende: die wichtigsten Adressen und Informationen für Ihre Montenegroreise

ANREISE

AUTO/FÄHRE

Für die Anreise mit dem PKW gibt es zwei Routen: Entweder fahren Sie über Slowenien und Kroatien die Küstenstraße E 65 entlang bis Montenegro oder über Österreich bzw. die Schweiz nach Bari bzw. Ancona (auf der E 45/E 55). Von den beiden italienischen Hafenstädten setzen Autofähren über nach Bar *(www.montenegrolines.net)*. Die Überfahrt von Bari dauert neun bis zehn Stunden, ein Deckplatz kostet in der Hauptsaison etwa 70 Euro, die einfache Kabine 80–150 Euro; für einen normalen PKW sind 80–100 Euro zu zahlen. Die Überfahrt von Ancona dauert etwa 16 Stunden und ist etwas teurer.

BAHN

Über Österreich fahren mehrmals täglich Züge nach Belgrad, der unumgänglichen Zwischenstation für die Weiterfahrt nach Podgorica oder Bar. Die Strecke gehört zu den landschaftlich eindrucksvollsten auf dem Balkan, sodass sich die Strapazen der etwa achtstündigen Fahrt allemal lohnen.

BUS

Busunternehmen wie *Touring Eurolines (www.touring.de)* haben zwar ein ausgebautes Netz zu allen Balkan-

PRAKTISCHE HINWEISE

Destinationen, die Busfahrten nach Montenegro sind jedoch umständlich, weil sie meistens über Dubrovnik oder Belgrad gehen.

FLUGZEUG

Linienflüge von deutschen Großflughafen, sowie aus der Schweiz führen nach Tivat und Podgorica, Buchung: *www.montenegro.airlines.cg.yu* oder *www.jat.com*. Zum Dubrovnik-Flughafen Ćilipi fliegt *German Wings (www.germanwings.com)*. Die Weiterfahrt mit dem Taxi von Dubrovnik nach Budva (90 km) kostet etwa 80 Euro, nach Herceg Novi (20 km) ca. 30 Euro.

AUSKUNFT

Im ganzen Land gibt es Zweigstellen der Nationalen Touristenorganisation *Nacionalna turistička organizacija* (NTO) mit Hauptsitz in Podgorica *(Trg Vektre Tel. 020/23 51 55 | www.visit-montenegro.travel)*. Auch sonst ist das Land mit unzähligen Reisebüros gut bestückt. Feste Öffnungszeiten gibt es nicht.

AUTO

Nationale Zulassung und nationaler Führerschein genügen. Die internationale grüne Versicherungskarte ist Pflicht und bei der Einreise an der Grenze vorzuzeigen. Die Höchstgeschwindigkeiten betragen innerorts 40 km/h, auf Landstraßen 80 km/h, auf Schnellstraßen 100 km/h. Fahrzeuge mit Anhänger dürfen jedoch grundsätzlich nicht schneller als 80 km/h fahren. Die Promillegrenze liegt bei 0,5.

Die Verkehrsstrafen sind empfindlich: Überholen im Tunnel und fahren bei roter Ampel – Führerschein weg; Telefonieren im Auto – 20 Euro, nicht anschnallen – 15 Euro. Nach einem Unfall sollten Sie unbedingt die Polizei informieren. Die Straßen an der Küste werden im Schnelltempo ausgebaut, die Küstenstraße von Tivat bis Ulcinj gehört zu den besten. Im Landesinnern vorsichtig fahren! Bei Pannen unterwegs hilft der Notdienst: *Tel. 98 07*. Parkgebühren sind an der Küste extrem hoch, manchmal bis zu 15 Euro am Tag; für Sicherheit der Wagen wird selten garantiert.

BANKEN & KREDITKARTEN

Die meisten Banken sind ganztägig geöffnet, häufig bis spät in die Nacht. Bankautomaten nehmen gängige EC- und Kreditkarten an.

CAMPING

Neben den großen Campingplätzen in den Küstenstädten haben viele Privatleute in Gärten und auf landwirtschaftlich ungenutzten Weiden eigene Gelände eröffnet – *autocamp* lautet dann der Schriftzug auf den Schildern. Was den Zustand der sanitären Anlagen anbelangt, sollten Sie hier jedoch nicht den Komfort französischer oder italienischer Zeltplätze erwarten.

DIPLOMATISCHE VERTRETUNGEN

DEUTSCHE BOTSCHAFTT

Hercegovačka 10, 81000 Podgorica | Tel./Fax 020/66 72 85 | www.podgorica.diplo.de

ÖSTERREICHISCHE BOTSCHAFT

Kralja Nikole 104, 81000 Podgorica | Tel. 020/60 15 80 | podgorica-ob@bmeia.gv.at

SCHWEIZER BOTSCHAFT

Bircaninova 27, 11000 Beograd (Serbien) | Tel.0038/111 30 65 | www.eda.admin.ch/belgrade

EINREISE

Für die Einreise genügt ein gültiger Reisepass. An der Grenze wird pro PKW (bis zu acht Sitzen) eine sogenannte Ökogebühr von 10 Euro fällig, die ein Jahr lang gültig ist. Für größere Fahrzeuge beträgt die Gebühr 30 Euro.

> WAS KOSTET WIE VIEL?

> **BIER**	**1,50 EURO** für 0,33 l einer einheimischen Marke
> **EIS**	**1 EURO** für zwei Kugeln Eis
> **IMBISS**	**1,50 EURO** für ein Stück Pizza
> **KAFFEE**	**1–1,50 EURO** für eine Tasse Espresso
> **BENZIN**	**1,30–1,40 EURO** für einen Liter Super
> **BUSFAHRT**	**60–80 CENT** für eine Fahrt im Stadtgebiet

FKK

Grundsätzlich gibt es keine großen Möglichkeiten, in Montenegro nackt zu baden. Der offizielle FKK-Strand in Ada Bojana, in der Nähe von Ulcinj, ist nur den Gästen der Anlage vorbehalten. In Ulcinj selbst ist ein kleiner Felsen für Naturisten reserviert. An der äußersten Spitze von Igalo befindet sich der kleine FKK-Strand Njivice. In anderen Orten fahren Fischerboote zu den kleinen Buchten, in denen FKK-Touristen baden. Vor Ort fragen!

GESUNDHEIT

An der Küste und im Inland gibt es überall gut ausgestattete Apotheken; außerdem finden sich Ärzte, die entweder Deutsch oder Englisch sprechen. Meist muss die Rechnung direkt vor Ort bezahlt werden und kann später bei der Krankenkasse eingereicht werden. Der Abschluss einer Reisekrankenversicherung bietet sich an, da diese im Notfall auch einen Krankenrücktransport abdeckt.

INTERNET

www.website.me heißt ab September 2009 die neue Domain für montenegrinische Internetadressen. Möglich sind auch die Endungen *org.me, priv.me, net.me*. Die neuen Domains können über Suchmaschinen leicht gefunden werden.

Von den vielen Webadressen aus Montenegro sind die weitaus meisten in der Landessprache, manche außerdem nicht immer aktuell. Die offizielle Website der Nationalen Touristenorganisation (NTO), *www.montenegro.travel,* bietet ausgezeichnete Informationen in allen Sparten in den Sprachen Deutsch, Englisch und Italienisch. Auch gut: *http://me.tiscover.com* oder *www.bestof-montenegro.com,* wo Sie eine Auflistung der besten Strände, Hotels, Restaurants, etc. finden.

Hotelbewertungen können Sie außerdem unter *www.holydaycheck.de* einsehen, in englischer Sprache bei *www.tripadvisor.com.* Auf *www.netzstart.de* finden Sie gute Tipps zu Segeltörns und Radtouren; *www.ng-most.org* gehört den Öko-Bewegten an, die sich Tara und Durmitor verschrieben haben und Informationen über Land, Leute, Küche, dazu Kurioses aus der Region, ins Netz gestellt haben.

INTERNETCAFÉS & WLAN

Internetcafés findet man nahezu überall, am besten vor Ort fragen. WLAN oder Hotspots sind in Planung, in vielen Hotels gibt es schon Wireless-Internet. Ab 2010, wenn die neue Marina Porto Montenegro öffnet, soll ganz Tivat vernetzt sein.

KLIMA & REISEZEIT

Wenn im Juli und August die Temperaturen an der Küste bis auf 40 Grad klettern, im Talkessel um Podgorica sogar darüber liegen, ist es auf Durmitor noch immer frisch: höchstens 20 Grad. Die Winter am Meer sind mild, in höheren Lagen streng. Die schönsten Monate, um einen Badeurlaub zu machen, sind Mai/Juni und September. Juli und August sind wegen zu großer Hitze und aufgrund der Schulferien, die überfüllte Strände garantieren, etwas stressig. Das Wasser der Adria ist ab Juni über 20 Grad warm, am Ende der Saison noch wärmer, bis zu 25 Grad. Viel Schnee liegt in den Bergen zwischen Dezember und März.

Hier sollte man vorsichtig fahren

MIETWAGEN

Autos von internationalen oder nationalen Leihfirmen gibt es in allen größeren Ferienorten. Auch Reisebüros kümmern sich um die Buchung. Die Anmietung vor Ort ist meist preiswerter als die Reservierung über große Anbieter wie Avis oder Europcar. Vor der Anmietung sollten Preise und Leistung verglichen werden, da manche Firmen Steuern und Versicherung zusätzlich berechnen. Der serbische Yugo 55 ist am günstigsten: 30 Euro pro Tag. Sonst ab 45 Euro pro Tag.

NOTRUF

Polizei Tel. 92, Feuerwehr Tel. 93, Notarzt Tel. 94. Bei Anrufen mit nichtmontenegrinischer SIM-Karte die Ländervorwahl nicht vergessen: *00382*

ÖFFENTLICHE VERKEHRSMITTEL

Ein flächendeckendes Autobusnetz verbindet alle größeren montenegrinischen Städte miteinander, auch an der Küste verkehren mehrere Linien regelmäßig zwischen den Hauptdestinationen. Tickets können sowohl am Busbahnhof *(autobuska stanica)* wie beim Fahrer gekauft werden und sind, verglichen mit westeuropäischen Tarifen, sehr günstig. Die Fahrt zwischen Podgorica und Cetinje etwa kostet 3 Euro, von der Hauptstadt nach Budva müssen Sie mit etwa 6 Euro rechnen. Die von Bar nach Belgrad verkehrende Bahn hält mehrmals täglich in Sutomore, Podgorica, Kolašin, Mojkovac und Bijelo Polje.

ÖFFNUNGSZEITEN

Es gibt in Montenegro keine festen Öffnungszeiten. Geschäfte und Restaurants arbeiten im Sommer oft bis Mitternacht, die Beamten diverser Ämter ruhen sich ab 16 Uhr aus.

POST

Die Postämter sind an Werktagen zwischen 7 und 20 Uhr geöffnet, in der Touristensaison sogar manchmal länger. Viele Postämter bieten Faxservice an. Eine Postkarte in die Staaten der Europäischen Union kostet um 0,50 Euro.

PREISE

Das Leben in Montenegro ist teuer. Die Lebensmittelpreise sind in den letzten Jahren um 40 Prozent gestiegen. Die Restaurantpreise entsprechen den europäischen, die Hotelpreise liegen etwas darunter. Günstiger sind Privatzimmer *(sobe),* die an

WETTER IN BUDVA

	Jan.	Feb.	März	April	Mai	Juni	Juli	Aug.	Sept.	Okt.	Nov.	Dez.
Tagestemperaturen in °C	3	3	15	18	22	26	29	29	26	22	15	5
Nachttemperaturen in °C	−3	−2	6	10	14	18	20	20	17	13	8	0
Sonnenschein Std./Tag	3	4	5	7	9	10	11	11	8	7	4	3
Niederschlag Tage/Monat	14	13	12	13	14	13	9	9	8	11	14	14
Wassertemperaturen in °C	13	13	14	15	17	22	23	25	22	20	18	15

jeder Ecke angeboten werden. Grundsätzlich ist alles im Landesinnern günstiger als an der Küste. Und: Sobald die Hochsaison vorbei ist, fallen die Preise um bis zu 30 Prozent. Zigaretten (oft handelt es sich um Schmuggelware) kosten um 2 Euro. Vorsicht: Ohne Sonnenliegen geht es am Strand nicht, Preis: 2–4 Euro; Wer es feudaler mag, kann für Strandbetten mit Baldachin bis zu 100 Euro ausgeben.

TELEFON & HANDY

Blackberry und iPod gelten als Statussymbole im kleinen Balkanland, das mehr Handys als Einwohner zählt. Und so ist es kein Wunder, dass gleich drei Mobilfunkbetreiber um die Kundschaft buhlen: *ProMonte (069)*, *M-Tel (068)* und *T-Mobile (067)*. Alle drei bieten auch Handy-Internet an. Trotz Roaming ist es sehr teuer, nach Hause zu telefonieren. Praktischer und billiger ist es, vor Ort eine montenegrinische Prepaidkarte zu kaufen, die zwischen 5 und 10 Euro kostet und an jedem Zeitungskiosk zu haben ist. Prepaidkarten wie die von Global-Sim *(www.globalsim.net)* oder Globilo *(www.globilo.de)* sind zwar teurer, ersparen aber ebenfalls alle Roaminggebühren. Und: Sie bekommen schon zu Hause Ihre neue Nummer. Immer günstig sind SMS. Hohe Kosten verursacht die Mailbox: noch im Heimatland abschalten!

Telefonkarten für Festnetzverbindungen bekommen Sie bei der Post. Vorwahlen: Deutschland 0049, Österreich 0043, Schweiz 0041. Die Vorwahl für Montenegro lautet 00382.

TRINKGELD

In Cafés ist es nicht üblich, kleinere Beträge aufzurunden. Für Touristen schickt es sich jedoch, rund 10 bis 15 Prozent des Gesamtbetrags auf die Rechnung aufzuschlagen.

UNTERKUNFT

Nobelherbergen entlang der Küste wachsen mittlerweile alle paar Meter in den Himmel. Vor allem russische Investoren haben hier das Sagen, bauen Luxushotels mit Helikopterlandeplätzen und vergoldeten Wasserhähnen. Bei einigen Reiseveranstaltern können diese günstiger gebucht werden *(www.spendid.montenegro.com, www.queenofmontenegro.com)*. Zimmer *(sobe)*, aber auch Apartments *(apartmani)* werden im ganzen Land angeboten. Im Landesinnern ist die Ausstattung eher karg, an der Küste gut bis sehr gut.

ZEIT

Es gilt die MEZ bzw. MESZ.

ZOLL

Devisen dürfen unbegrenzt eingeführt werden, ausgeführt aber nur 500 Euro. Laptops, Kameras und andere technische Geräte sollten bei Ein- und Ausreise deklariert werden. Eingeführt werden dürfen keine frischen Lebensmittel, jedoch Trockenobst, Tee und Kaffee, 1 l Alkohol, 2 l Saft und 5 l Wasser. Bei Rückkehr in die EU dürfen Sie unter anderem 200 Zigaretten oder 250 g Tabak, 4 l Wein, 16 l Bier und sonstige Waren im Wert von 300 Euro (Bahn/PKW) bzw. 430 Euro (Flug) zollfrei mitführen. Näheres erfahren Sie unter *www.zoll.de*.

> GOVORIŠ LI CRNOGORSKI?

„Sprichst du Montenegrinisch?" Dieser Sprachführer hilft Ihnen, die wichtigsten Wörter und Sätze auf Montenegrinisch zu sagen

Aussprache

Das Montenegrinische wird in der Regel so ausgesprochen, wie es geschrieben wird. Besonderheiten:

č – tsch wie in **Tsch**eche; **ć** – zwischen tch und tsch, etwa wie in Hüt**ch**en;
š – stimmloses sch wie in **sch**ön.

Alle Vokale sind offen und müssen in jeder Stellung deutlich ausgesprochen werden. Bei Vokalverbindungen ist jeder einzelne Vokal hörbar: reuma = re-u-ma.
Das Silben bildende **r** muss ebenfalls deutlich ausgesprochen werden: v**r**ba, K**r**k.
Die Konsonanten haben immer die gleiche Aussprache: le**d** – Eis (d, nicht t), bo**g** – Gott (g, nicht k).

Zweisilbige Wörter werden auf der ersten Silbe betont, bei mehrsilbigen Wörtern haben wir die betonte Silbe durch einen Punkt gekennzeichnet.

Abkürzungen: *ugs* = umgangssprachlich; *f* = weibliche Sprecherin

AUF EINEN BLICK

Ja./Nein.	Da./Ne.
Vielleicht.	Možda.
Bitte.	Molim.
Danke.	Hvala.
Entschuldigung!	Oprọstite! Pardon!
Wie bitte?	Molim?
Ich verstehe Sie/dich nicht.	Ne razụmijem Vas/te.
Ich spreche nur wenig …	Gọvorim samo malo …
Können Sie mir bitte helfen?	Molim Vas mọzete li mi pọmoći?
Guten Morgen!	Dobro jutro!
Guten Tag!	Dobar dan!
Guten Abend!	Dobro veče!
Hallo! Grüß dich!	Halo! (*ugs* zdravo!)
Mein Name ist …/	Moje ime je …/
Ich heiße …	Zovem se …
Wie heißen Sie?	Kako se zovete?
Wie geht es Ihnen/dir?	Kako ste/si?
Danke. Und Ihnen/dir?	Hvala. A Vi/ti?
Auf Wiedersehen!	Doviđẹnja!
Tschüss!	Zdravo!

SPRACHFÜHRER MONTENEGRINISCH

Hilfe!	Ụ pomoć!
Rufen Sie bitte schnell …	Molim Vas pozọvite hitno …
… einen Krankenwagen.	… vọzilo hitne pọmoći.
… die Polizei.	… polịciju.
… die Feuerwehr.	… vatrogạsce.

UNTERWEGS

Bitte, wo ist …?	Molim Vas, gdje je …?
… der Bahnhof?	… željeznička stanica?
… der Flughafen?	… ạerodrom?
… die Haltestelle?	… stanica?
… der Taxistand?	… taksi stanica?
Zum Bahnhof.	Na željezničku stanicu.
Bus/Zug	ạutobus/voz
Wo kann ich einen Fahrschein kaufen?	Gdje mogu da kupim kartu?
Wie komme ich nach …?	kako da dodem do …?
geradeaus	pravo
links/rechts	lijẹvo/desno
nah/weit	blizu/dalẹko
Überqueren Sie …	Prẹdite …
… die Brücke.	… most.
… den Platz.	… trg.
… die Straße.	… ulicu.
Wie weit ist das?	Kọliko je dalẹko?
Ich möchte für … Tage/ eine Woche … mieten.	Htio (Htjelạ *f*) bih za … dana/jedem dan nedelju iznajmiri …
… einen Wagen …	… kola/auto.
… ein Motorrad …	… motor/motocịkl.
… einen Motorroller …	… skuter/vespu.
… ein Fahrrad …	… bicịkl.
Wo ist bitte die nächste Tankstelle?	Molim Vas gdje je nạjbliža bẹnzinska pumpa?
offen/geschlossen.	ọtvoren/zạtvoren
drücken/ziehen	pritsnuti/vući
Eingang/Ausgang	ulaz/izlaz
Wo sind bitte die Toiletten?	Gdje su molim Toaleti?
Damen/Herren	ženski/muški

SEHENSWERTES

Wann ist das Museum geöffnet?	Kada je ọtvoren muzej?
Wann beginnt die Führung?	Kada pọčinje razgledạnje sa vọdičem?
Altstadt	stari grad
Aussstellung	izložba
Gottesdienst	služba božja, misa
Kirche	crkva
Palast	pạlata
Rathaus	opština
Stadtplan	plan grada

DATUMS- UND ZEITANGABEN

Montag	ponedjẹljak
Dienstag	ụtorak
Mittwoch	srijẹda
Donnerstag	ćetvrtak
Freitag	petak
Samstag	sụbota
Sonntag	nẹdjelja
heute	danas
morgen	sjutra
täglich	dnevno
Wie viel Uhr ist es?	Kọliko je sati?

ESSEN & TRINKEN

Die Speisekarte, bitte.	Molim, jẹlovnik.
Ich nehme ...	Uzet ću ....
Bitte ein Glas ...	Molim čašu ...
Besteck	pribor za jelo
Messer/Gabel/Löffel	nož/viljuška/kašika
Vorspeise	prẹdjelo
Hauptspeise	glavno jelo
Nachtisch	desert
Salz/Pfeffer	so/papar, biber
scharf/sauer	ljut/kiseo
Ich bin Vegetarier/in.	Ja sam vegetarijanac.
Trinkgeld	bakšiš
Die Rechnung, bitte.	Račun molim!

EINKAUFEN

Wo finde ich …	Gdje mogu naći …
… eine Apotheke?	… apotẹku?
… eine Bäckerei?	… pẹkaru?

> www.marcopolo.de/montenegro

… eine Drogerie?	… drogẹriju?
… Fotoartikel?	… fotọpribor?
… ein Lebensmittelgeschäft?	… supermarkt?
… einen Markt?	… tṛžnica?
Ich möchte …	Htio (Htjela *f*) bih …
Das gefällt mir (nicht).	To mi se (ne) sviđa.
Haben Sie …?	Ịmate li …?
Wie viel kostet es?	Kọliko košta?
Ein Stück hiervon, bitte.	Molim Vas dajte mi komad.
Nehmen Sie Kreditkarten?	Dali primate kreditne kartice?

ÜBERNACHTEN

Ich habe bei Ihnen ein Zimmer reserviert.	Rezervirao sam kod Vas sobu.
Haben Sie noch Zimmer frei?	Ịmate li još slọbodnih soba?
ein Einzelzimmer.	jẹdnokrevetnu sobu
ein Doppelzimmer.	dvọkrevetnu sobu
mit Bad/mit Dusche	sa kupatilom/sa tušem
Was kostet das Zimmer?	Kọliko košta soba?
Frühstück	dọručak

PRAKTISCHE INFORMATIONEN

Ich brauche einen Arzt.	Treba mi lekar.
Ich habe hier Schmerzen.	Ovdje me boli.
Ich habe Durchfall.	Imam proliv.
Kinderarzt/Zahnarzt	doktor za dječje bọlesti/zubara
Eine Briefmarke, bitte.	Jedna poštanska marka, molim.
Wo ist hier bitte …	Molim Vas gdje je tu neka …
… eine Bank?	… banka?
… ein Geldautomat?	… automat za novac?

ZAHLEN

0	nula	10	deset
1	jedan (jedna f, jedno n)	11	jedạnaest
2	dva (dvije f)	12	dvạnaest
3	tri	100	sto, stọtina
4	čẹtiri	200	dvjesto, dvjesta
5	pet	1000	hiljadu
6	šest	2000	dvije hiljade
7	sedam	10000	deset hiljada
8	osam	1/2	polọvina […]
9	devet	1/4	četvṛtina […]

Bucht von Kotor

> UNTERWEGS IN MONTENEGRO

Die Seiteneinteilung für den Reiseatlas finden Sie auf dem hinteren Umschlag dieses Reiseführers

REISE ATLAS

A
B
C
1
2
3
4
5
6
BOSNA I
HERCEGOVINA
HRVATSKA
JADRANSKO MORE
Ustikolina
Aladža džamija
Drina
Guvništa
Čajniče
Metaljka
Kovači
Bukovik
Kovač Planina
Kalinovik
Ocerkavlje
Foča
Brusna
Nedavić
Rataj
Brod
Jelašca
Lelija
Dragočava
Vikoč
Boljaniči
Ulog
Podgaj
Ćehotina
Zelengora
Nacionalni park
Prijedjel
Čelikovo Polje
Čelebići
Šula
Gradac
Popov Do
Vrba
Donja Brvenica
Borač
Vučevo
Tjentište
Sutjeska
Šćepan Polje
Polje
Ljubišnja
Zabrdje
Neretva
Klisura Sutjeske
Maglić
Volujak
Kakmuži
Moraice
Obzir
Fojnica
Živanj
Čemerno
Nikovići
Tara
Bjelašnica
Nadinići
Lebršnik
Crna Gora
Buletina
Kosanica
Lever Tara
Slato
Zalomska
Gacko
Klinje jezero
Piva-Jezero
Trnovačko jez.
Trsa
Ledena Pećina
Crno Jezero
Žabljak
Njegovuđa
Avtovac
Đed
Pivski manastir
Plužine
Boričje
Durmitor
Pašina Voda
Dobrelica
Baba
Rioca
Durmitor Nacionalni Park
Treskavac
Banski Stanovi
Fatnica
Korita
Torine
Kazanci
Krstac
Višnjića Do
Miljkovac
Komarnica
Donja Bukovica
Donje Meka Gruda
Bajovo Polje
Plana
Donje Crkvice
Zlostup
Donja Brezna
Duži
Previš
Timar
Gornje Dubočke
Prenka
Javorak
Mokro
Šavnik
Boan
Granica
Bijela
Strug
Jasenovo Polje
Praga
Donje Dubočke
Presjeka
Bileća
Banjani
Gornje Polje
Gvozd
Ćeranića Gora
Bilećko jezero
Orah
Velimlje
Gornja Trepča
Vir
Granice
Crvena stijena
Grebice
Lukovo
Rijecani
Kuside
Rubeži
Mosko
Petrovići
Oblatno
Velje Duboko
Nikšić
Jasen
Orlina
Gorica
D. Granaarevo
Vilusi
Rudine
Trubjela
Kličevo
Bršno
Kuta
Arslanagića most
Trebinje
Lastva
Osječenica
Pusti Lisac
Morakovo
Turmenti
MNE
Bijele Poljane
Bogetići
BIH
Grahovo
Ostrog
Kula
Konjsko
Gradine
Drenovštica
Mandići
Prekornica
Trešnjevo
Dragalj
Izvori
Ubli
Grab
Nac. park Orjen
Zagora
Viš
Javor
Orjen
Han
Dolovi
Jablan Do
Dobra Gora
Orja Luka
Krivošije
Sekulići
Pridvorje
Dubravka
Vrbanje
Crkvice
Markovina
Subra
Čevo
Danilovgrad
Crnci
Gruda
Risan
Spuž
Jadranska magistrala
D. Morinj
Perast
Man. Banja
Donja Orahovac
Resna
Lazarev Krst
Grbe
Vukovići
Herceg-Novi
Zelenika
Prčanj
Dobrota
Zeta
Igalo
Kotor
Čekanje
Orasi
Dioclea
Molunat
Bijela
Tivat
Tivatski zaliv
Dubovik
Orašani
Kruse
Gornja Gorica
Prevlaka
Rose
Luštica
Lovćen
Bigor
Rt Oštra
Radovići
Cetinje
Gornji Kokot
Morača
Srpska
Modra spilja
Nacionalni Park Lovćen
Rijeka Crnojevića
Boka Kotorska
Lipska Pećina
Glavatiči
Majstori
Rijećani
Žabljak
Golubovci
Martinovići
Ljubotin
Lastva
Zagora
Komarno
Bijelo Polje
Bari
Jaz
Bečići
Vranjina
Budva
Miločer
Skadarsko jezero
Sveti Stefan
Gornji Brčeli
Bukovik
Virpazar
Seoca
Krstac
Šestani
Skadarsko jezero N.P.
Petrovac na moru
Buljarica
Limljani
Misići
10 km

D
E
F
1
2
3
4
5
6
SRB
Banja
Negbina
Jasenovo
Močioci
Katići
Brezova
Budoželja
Pobijenik
Lim
Rutoši
Kokin Brod
Štitkovo
Opaljenik
Pridvorica
Bare
Bistrica
Nova Varoš
(954)
Kušići
Zlatarsko Jezero
Rovine
Kumanica
Dražević
Komarani
Gledjica
Babine
Prijepolje
Zlatar
Manastir Mileševa
Zlatar Nacionalni Park
Radijevići
Kladnica
Uvac
Didići
Gradac
Selijašnica
Statina
Jabuka
Cadinje
Mileševo
Jankov Kamen
Divci
Aljinovići
Donje Lopiže
Donja Vapa
Otilovići
Kačevo
Jadovik
Javor
Golija
Mataruge
Kamena Gora
Gracanica
Miloševi Do
Donje Gonje
Sjenica
Brnjica
Staval
Šare
Trijebine
Duga Poljana
Osaonica
Vrulja
Brodarevo
Raždaginja
SRBIJA
Grab
Gostun
Krajinovića
Kovren
Lisa
Pladina
Zaumsko
Komar
Žabren
Ljudska
Vučiniće
Manastir Sopoćani
Rasno
Crnoča
Povino Polje
Stozer
Metanjac
Budjevo
Melaj
Sebečevo
Barice
Tomaševo
Potkrajci
Savino Polje
Pešter
Rasovo
Donje Kcrito
Ugao
Suvi Do
Hum
Žirče
Jelin Vrh
Bijelo Polje
(585)
Tutin
Tara
Lepenac
Vlaško Polje
Zaton
Bistrica
Donja Polja
Bajišta
Lim
Kruščica
Krstača
Paučina
Batrače
Bužica
Mojkovac
Ostrelj
Šlitari
Biogradska Jezero
Sjenogošte
Zagrad
Donji Zapstro
Trpezi
Bišev
Vuča
Bać
Špiljani
Donji Lipovo
Rovačko
Trebaljevo
Bjelasica
Crna Glava
Rožaje
Ibar
Zub
Muškovića Rijeka
Lubnica
Djurajevi Stupovi
Berane
(640)
Kalače
Besnik
Pogled
Mioska
Kolašin
Biogradska gora Nacionalni Park
Pečša
Ibarac
Skrbuša
Kaludra
Mokra
(1045)
Crkvine
Trepča
Dubovik
Hajla
Kaličane
Djurdjevina
Mateševo
Gnjili Potok
Jašovići
Radavac
Jabuka
Bare
Andrijevica
Boge
Luge
Drelje
Novo Selo
Komovi
Kućište
Mali Štupelj
Vitomirica
Tuzi
Cecuni
Klisura-Rugovo
(505)
Lijeva Rijeka
Veruša
Murino
Velika
Čakor
Koprivnik
Peć
Pejë
Katun Maglić
Brezojevica
Marijaš
Stari Rausić
Vermosh
Kuti
Visitor
Plav
Boljesestra
Plavsko Jezero
KOSOVË
Belaje
Gornji Streoc
Zijovo
Gusinje
Akani
Manastir Dečani
Dečanska
Kržanja
Vrujа
Vusanje
Deravica
Dečani
Deçan
Lepushë
Prokletije
Ubli
Korita
Selcë
Vukël
Qerem
Junik
Rastavica
Cem
Selimaj
Shkëlzen
Batuša
Stepov
Tamarë
Dragobi
RICA
maja e Jezercës
Okol
Nemuna
Tropojë
Koldet
Morina
Skivjane
Ponoševac
Seliště
Bogë
Maj'e Marocës
Bjeshkët e Nemuna
Theth
Starë
Rrazën
Curraji Epërm
Bajram Curri
Babaj Boks
Bajraku
Hotit
Ducaj
Maj'e Kakis
Lugat
Vlad
Zogaj
Goraj
Nicaj
Gjonpepaj
Dedaj
SHQIPËRIA
Qorraj
Letaj
Bajzë
Kodër Shëngjergj
Rajë
Drin
Kir
Liqeni i Komanit
Apripë e Gurit
Fierzë
Kokaj
Koplik
Dardhë
Helshan
Zahrisht
Iballë
Spas
Liqeni i Fierzë
Gruemire
Ur'e Shtrenjtë
Maj'e Cukalit
Vilë
E763
E65
E80

A
B
C
114
Bolosave
Donji-
Staj.Viluse
Petrovići
Vilusi
(920)
Savino brdo
1153
Zagora
Elezov Do
Grahovsza pecira
Razmuće
Okolišta
Spila
Droškorica
1323
Pišteti
Skorča gora
1076
Klobuk
948
Osječenica
1252
Grahovac
Zakurjaj
1258
Brestani
Župa
Arandelovo
(345)
Zaslap
(676)
Petkovići
Grahovo
(722)
Bjeloš
1024
Sehovića
Glavica
Sušica
Vučijak
Želji.st.Lastva
Skočigrm
Gornja-
Nudo
Grabovica
Zagone
673
(614)
Lastva
(394)
Korjenići
Zagulj
Jabukovac
Umac
Orahovac
Skorupan
993
Budinje
Miči Motika
1302
1257
1206
Jovičina Voda
Kulina
1177
Dragalj
38
Štitula
1084
1293
Popov Do
Lisac
1593
Poljkovac
958
BOSNA
Borova Glava
1160
Gvozd
Mačija
1346
planina
Pod Han
Konjsko
Krstati Do
1341
1308
1501
Bijela
Gubar
1679
Nacionalni
Poljana
3
I
Ubla
V.Jastrebica
1865
G
gora
O
Koprivni Do
park
Pazua
1771
Crkvice
1097
Bogojević Selo
Stirovnik
1650
Vučji Zub
1802
HERCE -
Mali
1722
Stirovnik
Zasade
e
Orjen
Orjen
1895
1525
Stjepov Do
Svitaavac
1528
1195
Grab
Ive
Pod Duge
1594
Vela greda
1298
Zvečava
Dvorište
1334
GOVINA
Vrbanje
Crljena grda
1548
Baštik
1391
839
4
Jablan Do
Ulice
1007
Štedar
1041
Krnji-Do
Crni Do
Kabao
1470
1164
Vardište
Vuči Do
Subra
1680
Dugulja
Dragomanovići
1102
Sitnica
Kruševica
(654)
Poljići
Dubovi Do
Ravat
Dobrostica
1570
Radoštak
1446
Bunovići
(670)
816
Krajnje
Iljina Kita
1089
Dunave
Dubravka
Petijevići
Mandići
Žlijebi
Lastva
Mrcine
Surčuge
Gojković
Ploča
Presjeka
Ljuta
Zastolje
Vatusi
Lazarevići
Kameno
Sasovići
Kuti
5
92
Vodovođa
Mokrine
(509)
Crnjegovina
Bani
Vidov vrh
781
Mojdež
Trebešin
Pod
Zeleni
Kum
Ratiševina
Nagumanac
Prijevor
320
Lučići
43
Sušćepan
Španjola
Meljine
Savina
E80
E65
Gruda
(84)
Karasovići
Pločice
Sutorina
Igalo
Topla
Kanli kula
(55)
Čista gora
561
Studeno
480
Herceg Novi
Đurinići
Topaljski zal.
Murijatično slani radioaktivni izvori
Njivice
Poljice
Mikulići
Špulje
475
Rose
Sv. Trica
Višnjići
Žvinje
Veliki Molunat
Vitaljina
HRVATSKA
6
Molunat
Bezboge
Gornji-
452
Kobila
Dobreč
Lučica
Mitrovići
Kraj
137
49
Mali Molunat
Boka kotorska
MAMULA
VELJI ŠKOLJ
Prevlaka
Prevlaka
61
Oštri rt
5km

D
E
F
114
1
2
3
4
5
6
Čumajevica
1269
Ruda brda
1240
Kragujev Do
Čumovica
Tušin Do
Vujkovo Ždrijelo
Meoce
Berova strana
Lupoglav
1164
Ubli
Bijelo Polje
Gornje-Lastva
Donje-
Kobilji Do
(878)
Vranački Ljut
1083
Jamić
Trešnjevo
Meoce Cucke
Prentin Do
Lesovski vrh
1064
Jama Čevska
Kopitnik
1133
1208
Donji-
Izvor
1165
Gornji-
Guka
Danave
Viti Jasen
Vojnići
Kuta
Trnine
Krug
Krst
Lipa
Čevo
Dobra Gora
865
Začije
Aluge
Vuko do
883
Bata
826
Proseni Do
Pejovići
Lješev Stu
999
Pišteti
Vodni Do
Grab
(686)
Prediš
Melošin Do
Markov-Do
Orpovac
Kućište
880
Gradina
Ublice
Grkovac
Goli vrh
1308
Ržani Do
Dide
Resna
Jasikovica
Cuce
Ledenice
(610)
Velje Selo
1079
Jezer
Uba
Veliki-Mali-C
1104
Klajevići
Vitoglav
Dragomi Do
Vuči Do
Vojkovi
Risan
Orahovac
Vališta
Kučište
(805)
Sv.Petra Pavla
Sv.Đorđe
915
1228
Krnji Do
Velinići
Kula Baje Pivljanin
Ljuta
17
Mali-Zalazi
1096
Banja
873
Dražin Rt
Sv.Stasije
Bojanovica spilja
Bukovica
Risanski zaliv
Glogovac
Perast
Kotorski zaliv
Dobrota
Marovići
Veliki-e
1350
Muzej
Ceka
GOSPA OD ŠKRPJELA
SV.ĐORĐE
Dugi Do
Njeguši
Nacionalni
Kostanjica
Donji-
Gornji-
Sv.Ilija
Pasiglav
Vrba
Lepetane
Stoliv
Prčanj
Krstac
Đurići
Vrmac
768
Sv.Matija
Sv.Ivan
(926)
Vučji Do
Kamenari
716
Kruševica
Gornja-
Sv.Vid
Sv.Nikola
Žanjev Do
Jošica
Opatovo
Lastva
Đuraševići
Kotor
Štirovnik
1749
Njegoš mauzolej
Miloševa pe
Bijela
Donja
Bratkovići
Sv.Petar
Pomorski muzej
Sv.Tripun
Bogdašići
Skaljari
AMS
890
Mali Bostur
Rize Bogorodičine
Lastva
Sv.Šimun
Tivat
Mrčevac
Kavač
Kuk
Lovćen
Rt Pijavica
Trojica
228
Mirac
Dolovi
Račica
Odoljen
Tivatski zaliv
Tivat
Solioško polje
Šipoka
Dub
Banić
PREVLAKA
36
OTOK
SV.MARKO
29
E80
Sutvara
Naljezići
(372)
Kol
Pristan
Bjelila
Đuraševići
Župa
Šišići
Poda
Mitrovići
Donji Krašići
Radovići
Bogišići
Pržno
Pelinovo
Prijeradi
Goliš
1046
Krašići
Sv.Đorđe
Lješevići
Radanovići
Opasnik
586
Gošići
Grabovac
219
256
Bratešići
Bogetić
Babunci
Krtole
Grbalj
88
Radovanići
Luštica
(315)
Vranovići
Pobrđe
Gorovići
Jadranska magistrala
Zal. Trašte
Bigovo
Prčja glava
409
Ukropci
E65
Kipetanj
242
Brgulji
Begovići
Rt Trašte
111
Kučice
Kubasi
20
Arza
Mačka
177
Rt Kočište
Glavatičići
Dobra luka
Kovači
425
Glavati
Modra spilja
Karađžića pećina
Tjesna luka
Rt Žukovac
Popović
Višnjevo

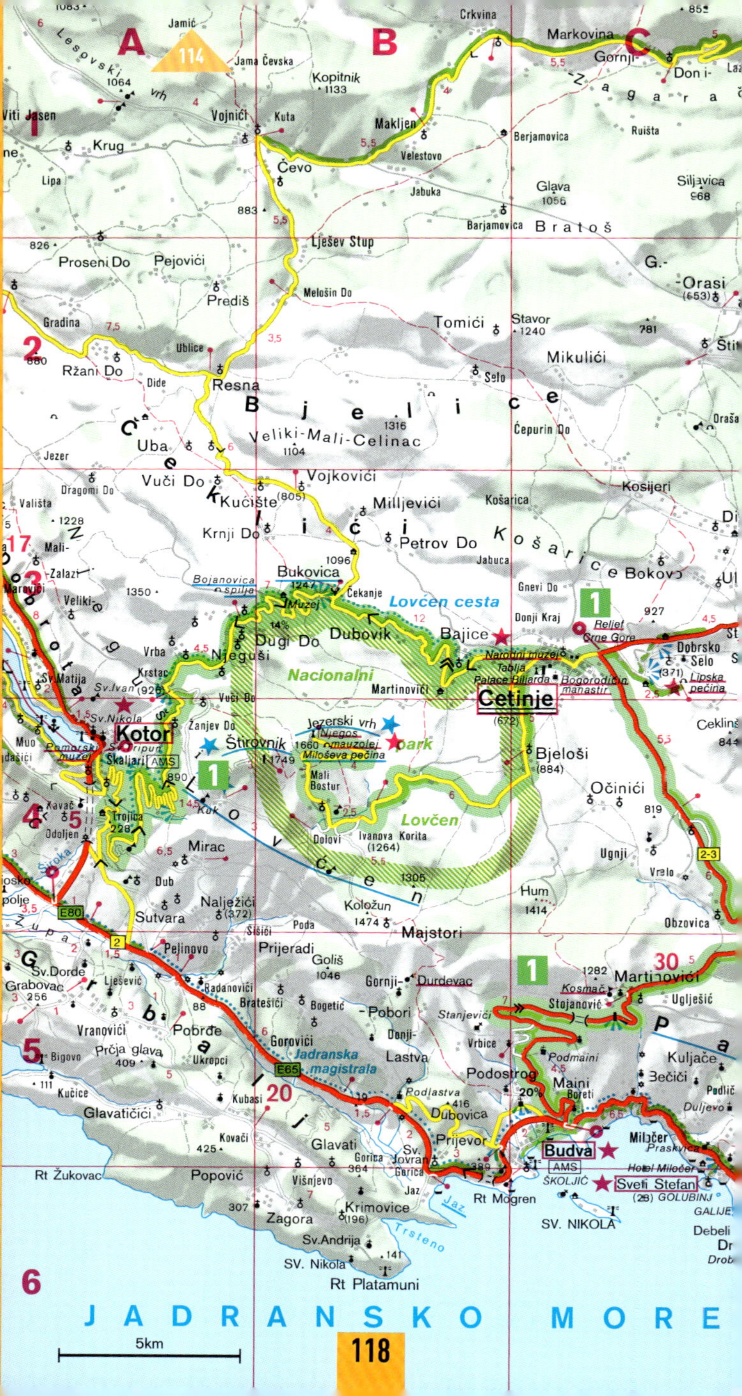
A
B
C
114
Lesovski vrh
1064
Jamić
Jama Čevska
Kopitnik
1133
Crkvina
Markovina
Gornji-
Donji-
Zagarač
Viti Jasen
Krug
Vojnići
Kuta
Makljen
Velestovo
Berjamovica
Ruišta
Čevo
Jabuka
Glava
1056
Siljavica
968
Lipa
883
Barjamovica
Bratoš
826
Proseni Do
Pejovići
Lješev Stup
G.-Orasi
(653)
Prediš
Melošin Do
Gradina
Tomići
Stavor
1240
781
Šti
880
Ržani Do
Ublice
Mikulići
Dide
Resna
Selo
Bjelice
1316
Ćepurin Do
Oraša
Uba
Veliki-Mali-Celinac
1104
Jezer
Vojkovići
Dragomi Do
Vuči Do
Kosijeri
Vališta
Kučište
(805)
Milljevići
Košarica
1228
Čeklići
Krnji Do
Petrov Do
Košarice
17
Mali-
1096
Jabuca
Zalazi
Bukovica
Bokovo
Marovići
Bojanovica spilja
1247
Cekanje
Gnevi Do
1350
Veliki-
Muzej
Lovćen cesta
Donji Kraj
927
Dugi Do
14%
Dubovik
12
Bajice
Vrba
Njeguši
Reljef Crne Gore
Dobrsko Selo
Krstac
Nacionalni
Narodni muzej
Tablja
Sv.Matija
Sv.Ivan
(926)
Martinovići
Palace Biljarda
Bogorodičin manastir
(371)
Lipska pećina
Dobrota
Vuči Do
Cetinje
(672)
Sv.Nikola
Žanjev Do
Jezerski vrh
Cekliń
Kotor
Štirovnik
Njegoš mauzolej
park
844
Muo
Pomorski muzej
Sv.Tripun
1660
Miloševa pećina
Bjeloši
(884)
Skaljari
AMS
1749
890
Mali Bostur
Očinići
Kavač
Trojica
228
Kuk
Lovćen
819
Odoljen
Ivanova Korita
(1264)
Dolovi
Mirac
Ugnji
2-3
Široka
Dub
1305
Vrelo
Hum
Naljezići
(372)
Koložun
1414
E80
Sutvara
1474
Obzovica
Šišići
Poda
Župa
Majstori
Prijeradi
2
Pelinovo
30
Goliš
1046
1282
Martinovići
Sv.Đorđe
Grabovac
256
Lješević
Radanovići
Gornji-
Đurđevac
Kosmač
Ugljesić
Bratešići
Bogetić
Pobori
Stojanović
Stanjevići
Vranovići
Pobrđe
Grbalj
Donji-
Vrbice
Paštrovići
Gorovići
5
Bigovo
Prčja glava
409
Ukropci
Lastva
Podmaini
Kuljače
Jadranska magistrala
E65
Podostrog
Maini
Bečići
111
Kučiće
Kubasi
20
Podlastva
416
20%
Boreti
Podlič
Glavatičići
19
Duljevo
Dubovica
Miločer
Kovači
Prijevor
Praskvica
425
Glavati
Budva
Gorica
364
Sv. Jovran
Rt Žukovac
Popović
389
AMS
Hotel Miločer
Gorica
ŠKOLJIĆ
Sveti Stefan
Višnjevo
Jaz
Rt Mogren
(25)
GOLUBINJ
307
Krimovice
(196)
SV. NIKOLA
GALIJE
Zagora
Jaz
Debeli
Sv.Andrija
Trsteno
141
SV. Nikola
Rt Platamuni
6
JADRANSKO MORE
5km

PODGORICA
E762
Lužnica
Tološi
Kruševac
Momišići
Stara Varoš
Skula
Ribnica
Izvor Ribnica
114
D
E
F
D. Zagarač
Bezdanovići
Cafa
Gornji-
Gorica
Donji-
Pobrežje
Kuce Sćepovoća
Rakica Kuće
Zeleni Do
Komani
Oraovica
Beri
Dana
Daj. Babe
Milati
Busovnik
623
Krusi
Sitnica
E65
E80
Farmaci
Draževina
Papratnica
Podstrana
Donji-
Kokoti
Progonovići
519
Buronji
Kornet
Staniseljići
Gornji-
Lekići
Velji vrh
418
Botun
Srpska
Podgorica
Releza
Gradac
Ilino brdo
Bigor
Goljemade
702
Parci
Brezine
Grbavci
Lajkovći
Mahala
Zagora
35
Grubani
351
Bobija
Sinjac
Gornje blato
Mojanovići
Golub
Balab
Župa Dobrska
Rvaši
2-3
Vukovci
Goričani
Bobovine
Karuć
Šušunja
Meterizi
131
Drušić
432
32
234
Bazagur
Kurioci
Dodoši
Ponor
Arbanasi
634
Žabljak
Morača
Bijelo Polje
Bersla
Crnojevića Rijeka
Rijeka Crnojevića
Obod
Riječani
Mracelji
Prevlaka
Kurilo
228
Bogordica na Komu
Mali Morača
Ceklin
Ploča
KAMENIK
Jadranska magistrala
Začir
Obod
Dubova
Ćucovići
52
Plavnica
Smokovci
Poseljani
ČAKOVICA
Vranjina
Man. Sv. Nikola
Njive
Donja Sela
Zgrade
302
Ljubotinj
(430)
Komarno
243
Lesendra
4
Malo blato
Skadarsko jezero
Svinštik
748
Trnovo
Doboviči
Podosmin
Šišovići
Gađi
Kruševica
Milovići
Papratnica
GRMOŽUR
Građani
Radomir
Dupilo
Besac
Bračena
Virpazar
Raduš
Krnji
Oranouska R.
Orahovo
Zabes
Seoca
Bijelasica
556
Crmnica
Velja Trojila
1131
Utrg
Optočići
Brijege
Sotonići
E80
Boljevići
510
Godinje
997
Golik
5
Tomići
Gornji Brčeli
(301)
Bukovik
Pepići
Rasovalac
999
425
933
Limljani
Relići
Gornji kraj
Seljevica
1028
Spas
776
Poljice
Ilijino brdo
841
Gluhi Do
Jasen
Gornje Selo
Sozina
Tunel
1160
665
Ćava
Sozina
Novoselje
Kaluderac
Buljarica
Gradište
Tri Roga
990
Sutorman
884
Sutorman
1182
Krstac
Lastva
Reževići
Katun
Petrovac na Moru
ŠKOLJIĆ
Perazića do
SV. NEDELJA
O. KATIĆ
Midzorov Krš
Golubovići
E851
Buljarica
Mišići
Tekija
Sv. Nikola
500
Papani
Durmani
Zankovići
Sv. Dimitrije
6
Župc
Dubovica
314
2-4
Haj Nehaj
232
Sutomore
Madžari
Brca
685
Šušanj
(145)

A
B
C
115
Bijelo Polje
Berslavci
Kurilo
Plavnica
Jadranska magistrala
Vranjina
Man.Sv.Nikola
Lesendra
Malo blato
Skadarsko jezero
Grmožur
Virpazar
Orahovo
Zabes
Seoca
Krnjice
Krnjičko oko
Starčevo
Godinje
Boljevići
Golik
Karanikići
Vučedapići
Dračevica
Đuravci
Šestani
Sv.Đorđe
Beška
Bukovik
Pepići
Dedići
Limljani
Crmnica
Selijevica
Gornji kraj
Donji
Murići
Bes
Gurza
Gornji
Livari
Pinčići
Briska
Sutorman
Tuđemili
Sozina
Tri Roga
Tunel
Tekija
Sv.Nikola
Mišići
Durmani
Sv. Dimitrije
Papani
Zankovići
Zupci
Mali Mikulići
Rumija
Lumetić
Sutomore
Haj Nehaj
Veligrad
Zagrađe
Mađari
Brca
Šušanj
Sustaš
Sutomorski zaliv
Ratac
Stari Bar
Bartula
Veliki Mikulići
Boškovićeva kula
Crni rt
Maljevik
Čanj
Barsko
Topolica
sidrište
Ćetluga
Tomba
Poda
Lisinj
Polje
Zaljev
Dobra Voda
Rt.Voluvica
Bar
AMS
Voluvica
Veliki Zabio
Mrkojevići
Mrkojević
Velje Selo
Mahala Lisice
Ancona
Bari
Rt Maret
Pečurice
Komina
Kunje
Karastani
Maslire
Stari Ulcinj
Kruče
Rt Rep
JADRANSKO MORE
5km

Koplik
SHQIPËRIA
Ligeni i Shkodrës
SHKODËR
(SKUTARI)
Shiroke
Flakë
Kamice
Jubicë
e Sipërm
Stërbicë
e Poshtëm
Kalldrun
Dobër
Gërçar
Mehaj
Boçevar
Gruemirë-Cesme
Kçar
Linaj
Mushtër
Ktosh
Grud-Fushë
Rash i Vogel
Vorfa
Gukaj
Omarë
Boriç
Hamidije
Grilë
Shtoi Ri
Derginaj
Dobrac
Xhamia Plumbit
BAZAR
TOPHANA
DUZICA
Bobovišta
Martići
Ckla
Zogaj
Maj i Kolishit
Maj i Taraboshit
Zuës
e Sipërm
Bërdicë-
e Poshtëm
Arbnes
Villgar
Valas
Babat
Kostanica
Ostros
Dodići
Oblikë
Maguš
Šingli
Kravari
Shtuf
Muriqan
Rastiš
Draginja
Gorica
Dajc
Obot
L. Bunë
Medurječ
Gornji-
Bojka
Sukobin
Samrish i Poshtëm
Mali-Kaliman
Mide
Kosić
Suma
Brajše
Gramsh
Skordulle
Veliki-
Donji-
Selita
Štodra
Rushkull
Krute
Vladimir
Belaj
Ljeskovac
Šas
Ambula
Freskanjel
Pentar
Pelinkovići
Klezna
Veljka
Međurječ
Šasko jezero
Bojane
Vijë e Mortemzës
Mala-
Gorana
Brivska gora
Sv.Đorđe
Prekal
Bojana
Darza
Luarzë
Mali Recit
Možura
Zoganje
Đurke
Mali Šutjel
Reč
Mal i Reçit
Salč
Kolomza
Pistula
Kneta
Reç
Jadranska magistrala
Bregnat
Bratica
Ulcinjsko polje
Ulsinjska solana
Donji Štoj
Ržok
Gornji Štoj
Sv.Nikola
Valdanos
E851
Kodre
Soline
Mandra
Cesma
Žal
Velika plaža
ADA
Ulcinj
AMS
Rt Deran
Milena
DERAN
Ušće Bojane

KARTENLEGENDE

Autobahn · Gebührenpflichtige Anschlussstelle · Gebührenstelle · Anschlussstelle mit Nummer · Rasthaus mit Übernachtung · Raststätte · Kleinraststätte · Tankstelle · Parkplatz mit und ohne WC	Trento 11	Motorway · Toll junction · Toll station · Junction with number · Motel · Restaurant · Snackbar · Filling-station · Parking place with and without WC
Autobahn in Bau und geplant mit Datum der Verkehrsübergabe	Datum Date	Motorway under construction and projected with completion date
Zweibahnige Straße (4-spurig)		Dual carriageway (4 lanes)
Fernverkehrsstraße · Straßennummern	14 E45	Trunk road · Road numbers
Wichtige Hauptstraße		Important main road
Hauptstraße · Tunnel · Brücke		Main road · Tunnel · Bridge
Nebenstraßen		Minor roads
Fahrweg · Fußweg		Track · Footpath
Wanderweg (Auswahl)		Tourist footpath (selection)
Eisenbahn mit Fernverkehr		Main line railway
Zahnradbahn, Standseilbahn		Rack-railway, funicular
Kabinenschwebebahn · Sessellift		Aerial cableway · Chair-lift
Autofähre		Car ferry
Personenfähre		Passenger ferry
Schifffahrtslinie		Shipping route
Naturschutzgebiet · Sperrgebiet		Nature reserve · Prohibited area
Nationalpark, Naturpark · Wald		National park, natural park · Forest
Straße für Kfz. gesperrt		Road closed to motor vehicles
Straße mit Gebühr		Toll road
Straße mit Wintersperre	XII-II	Road closed in winter
Straße für Wohnanhänger gesperrt bzw. nicht empfehlenswert		Road closed or not recommended for caravans
Touristenstraße · Pass	Weinstraße 1510	Tourist route · Pass
Schöner Ausblick · Rundblick · Landschaftlich bes. schöne Strecke		Scenic view · Panoramic view · Route with beautiful scenery
Heilbad · Schwimmbad		Spa · Swimming pool
Jugendherberge · Campingplatz		Youth hostel · Camping site
Golfplatz · Sprungschanze		Golf-course · Ski jump
Kirche im Ort, freistehend · Kapelle		Church · Chapel
Kloster · Klosterruine		Monastery · Monastery ruin
Synagoge · Moschee		Synagogue · Mosque
Schloss, Burg · Schloss-, Burgruine		Palace, castle · Ruin
Turm · Funk-, Fernsehturm		Tower · Radio-, TV-tower
Leuchtturm · Kraftwerk		Lighthouse · Power station
Wasserfall · Schleuse		Waterfall · Lock
Bauwerk · Marktplatz, Areal		Important building · Market place, area
Ausgrabungs- u. Ruinenstätte · Bergwerk		Arch. excavation, ruins · Mine
Dolmen · Menhir · Nuraghen		Dolmen · Menhir · Nuraghe
Hünen-, Hügelgrab · Soldatenfriedhof		Cairn · Military cemetery
Hotel, Gasthaus, Berghütte · Höhle		Hotel, inn, refuge · Cave
Kultur		**Culture**
Malerisches Ortsbild · Ortshöhe	WIEN (171)	Picturesque town · Elevation
Eine Reise wert	★★ MILANO	Worth a journey
Lohnt einen Umweg	★ TEMPLIN	Worth a detour
Sehenswert	Andermatt	Worth seeing
Landschaft		**Landscape**
Eine Reise wert	★★ Las Cañadas	Worth a journey
Lohnt einen Umweg	★ Texel	Worth a detour
Sehenswert	Dikti	Worth seeing
Ausflüge & Touren		**Excursions & tours**

FÜR IHRE NÄCHSTE REISE

gibt es folgende MARCO POLO Titel:

DEUTSCHLAND
Allgäu
Amrum/Föhr
Bayerischer Wald
Berlin
Bodensee
Chiemgau/Berchtesgadener Land
Dresden/Sächsische Schweiz
Düsseldorf
Eifel
Erzgebirge/Vogtland
Franken
Frankfurt
Hamburg
Harz
Heidelberg
Köln
Lausitz/Spreewald/Zittauer Gebirge
Leipzig
Lüneburger Heide/Wendland
Mark Brandenburg
Mecklenburgische Seenplatte
Mosel
München
Nordseeküste Schleswig-Holstein
Oberbayern
Ostfriesische Inseln
Ostfriesland/Nordseeküste Niedersachsen/Helgoland
Ostseeküste Mecklenburg-Vorpommern
Ostseeküste Schleswig-Holstein
Pfalz
Potsdam
Rheingau/Wiesbaden
Rügen/Hiddensee/Stralsund
Ruhrgebiet
Schwäbische Alb
Schwarzwald
Stuttgart
Sylt
Thüringen
Usedom
Weimar

ÖSTERREICH | SCHWEIZ
Berner Oberland/Bern
Kärnten
Österreich
Salzburger Land
Schweiz
Tessin
Tirol
Wien
Zürich

FRANKREICH
Bretagne
Burgund
Côte d'Azur/Monaco
Elsass
Frankreich
Französische Atlantikküste
Korsika
Languedoc-Roussillon
Loire-Tal
Nizza/Antibes/Cannes/Monaco
Normandie
Paris
Provence

ITALIEN | MALTA
Apulien
Capri
Dolomiten
Elba/Toskanischer Archipel
Emilia-Romagna
Florenz
Gardasee
Golf von Neapel
Ischia
Italien
Italienische Adria
Italien Nord
Italien Süd
Kalabrien
Ligurien/Cinque Terre
Mailand/Lombardei
Malta/Gozo
Oberital. Seen
Piemont/Turin
Rom
Sardinien
Sizilien/Liparische Inseln
Südtirol
Toskana
Umbrien
Venedig
Venetien/Friaul

SPANIEN | PORTUGAL
Algarve
Andalusien
Barcelona
Baskenland/Bilbao
Costa Blanca
Costa Brava
Costa del Sol/Granada
Fuerteventura
Gran Canaria
Ibiza/Formentera
Jakobsweg/Spanien
La Gomera/El Hierro
Lanzarote
La Palma
Lissabon
Madeira
Madrid
Mallorca
Menorca
Portugal
Sevilla
Spanien
Teneriffa

NORDEUROPA
Bornholm
Dänemark
Finnland
Island
Kopenhagen
Norwegen
Schweden
Stockholm
Südschweden

WESTEUROPA | BENELUX
Amsterdam
Brüssel
Dublin
England
Flandern
Irland
Kanalinseln
London
Luxemburg
Niederlande
Niederländische Küste
Schottland
Südengland

OSTEUROPA
Baltikum
Budapest
Estland
Kaliningrader Gebiet
Lettland
Litauen/Kurische Nehrung
Masurische Seen
Moskau
Plattensee
Polen
Polnische Ostseeküste/Danzig
Prag
Riesengebirge
Russland
Slowakei
St. Petersburg
Tallinn
Tschechien
Ungarn
Warschau

SÜDOSTEUROPA
Bulgarien
Bulgarische Schwarzmeerküste
Kroatische Küste/Dalmatien
Kroatische Küste/Istrien/Kvarner
Montenegro
Rumänien
Slowenien

GRIECHENLAND | TÜRKEI | ZYPERN
Athen
Chalkidiki
Griechenland Festland
Griechische Inseln/Ägäis
Istanbul
Korfu
Kos
Kreta
Peloponnes
Rhodos
Samos
Santorin
Türkei
Türkische Südküste
Türkische Westküste
Zakinthos
Zypern

NORDAMERIKA
Alaska
Chicago und die Großen Seen
Florida
Hawaii
Kalifornien
Kanada
Kanada Ost
Kanada West
Las Vegas
Los Angeles
New York
San Francisco
USA
USA Neuengland/Long Island
USA Ost
USA Südstaaten/New Orleans
USA Südwest
USA West
Washington D.C.

MITTEL- UND SÜDAMERIKA
Argentinien
Brasilien
Chile
Costa Rica
Dominikanische Republik
Jamaika
Karibik/Große Antillen
Karibik/Kleine Antillen
Kuba
Mexiko
Peru/Bolivien
Venezuela
Yucatán

AFRIKA | VORDERER ORIENT
Ägypten
Djerba/Südtunesien
Dubai/Vereinigte Arabische Emirate
Israel
Jerusalem
Jordanien
Kapstadt/Wine Lands/Garden Route
Kapverdische Inseln
Kenia
Marokko
Namibia
Qatar/Bahrain/Kuwait
Rotes Meer/Sinai
Südafrika
Tunesien

ASIEN
Bali/Lombok
Bangkok
China
Hongkong/Macau
Indien
Japan
Ko Samui/Ko Phangan
Malaysia
Nepal
Peking
Philippinen
Phuket
Rajasthan
Shanghai
Singapur
Sri Lanka
Thailand
Tokio
Vietnam

INDISCHER OZEAN | PAZIFIK
Australien
Malediven
Mauritius
Neuseeland
Seychellen
Südsee

REGISTER

Hier finden Sie alle in diesem Reiseführer erwähnten Orte, Ausflugsziele und Strände sowie wichtige Sachbegriffe und Personen. Halbfette Seitenzahlen verweisen auf den Haupteintrag, kursive auf ein Foto.

> SCHREIBEN SIE UNS!

Liebe Leserin, lieber Leser,

wir setzen alles daran, Ihnen möglichst aktuelle Informationen mit auf die Reise zu geben. Dennoch schleichen sich manchmal Fehler ein – trotz gründlicher Recherche unserer Autoren/innen. Sie haben sicherlich Verständnis, dass der Verlag dafür keine Haftung übernehmen kann.

Wir freuen uns aber, wenn Sie uns schreiben.

Senden Sie Ihre Post an die
MARCO POLO Redaktion,
MAIRDUMONT, Postfach 31 51,
73751 Ostfildern,
info@marcopolo.de

IMPRESSUM

Titelbild: Bucht von Kotor (Laif: Zahn)
Fotos: D. Antonović (126); M. Braunger (Klappe links, 4 l., 37, 51, 71, 84/85, 93, 99); CENTAR ZA ZAŠTITU I PROUČAVANJE PTICA CRNE GORE: Darko Saveljic (94 M.l.); © fotolia.com: DWP (95 u.r.), Lucky Dragon (94 u.r.), Olga Khoroshunova (14 o.), B. T. Rennstrom (15 M.), Sergii Sukhorukov (95 o.l.), Undy (95 M.r.); R. Freyer (2 r., 3 M., 3 r., 5, 6/7, 8/9, 20, 28/29, 29, 42, 46/47, 54, 56, 58, 66/67, 74, 105); Huber: Grandadam (26); © iStockphoto.com: Carmen Martínez Banús (94 o.l.), red_moon_rise (95 M.l.), Matthew Scherf (94 M.r.); Ivan Ivanovic (12 o.); G. Knoll (Klappe Mitte, 3 l., 11, 27, 28, 34, 38, 61, 63, 64, 68, 72, 76/77, 78, 81, 89, 101); Laif: Henseler (4 r., 30/31, 41, 45), Zahn (1, 100); Laif/Hemis: Frilet (48, 52, 96/97); Look: Diomedia (2 l., 32, 82); R. Maier/BM (22, 23); Model's Team Montenegro: Sejdo Ismaili (13 u.); Montenegro Trophy: Marija Milovanovic Maksimovic (12 u.); C. Nowak (Klappe rechts, 22/23, 24/25, 112/113); Perper (15 o.); Igor Rakcevic (13 o.); T. Stankiewicz (16/17, 19, 86); TOP LINE MARKETING (14 u.); Transit Archiv: Nowak (90/91), Rotting (100/101); Water Polo and Swimming Federation of Montenegro (15 u.)

2., aktualisierte Auflage 2009

Chefredaktion: Michaela Lienemann, Marion Zorn
Autor: Markus Bickel; Bearbeitung: Danja Antonović; Redaktion: Manfred Pötzscher
Programmbetreuung: Jens Bey, Silwen Randebrock; Bildredaktion: Gabriele Forst
Szene/24h: wunder media, München
Kartografie Reiseatlas: © MAIRDUMONT, Ostfildern
Innengestaltung: Zum goldenen Hirschen, Hamburg; Titel/S. 1–3: Factor Product, München
Sprachführer: in Zusammenarbeit mit Ernst Klett Sprachen GmbH, Stuttgart, Redaktion PONS Wörterbücher

Printed in Germany. Gedruckt auf 100% chlorfrei gebleichtem Papier

> UNSERE INSIDERIN

MARCO POLO Korrespondentin Danja Antonović im Interview

Danja Antonović hat ihre Wurzeln in Montenegro. Als Balkankorrespondentin fährt sie oft dorthin, um zu arbeiten und Verwandte zu besuchen.

Sie leben seit 2005 in Belgrad. Wie ist es dazu gekommen?

Ich habe in München studiert und dort die Deutsche Journalistenschule absolviert, lange Jahre in Deutschland gelebt. Als die Lage auf dem Balkan wieder stabil wurde, bin ich nach Belgrad, in meine erste Heimat, zurückgekehrt. Ich bin beruflich oft in Montenegro, freue mich dort auf das steinerne Haus meines Großvaters und auf diese wilde Natur, die man sonst kaum noch erleben kann.

Was reizt Sie an Montenegro?

Zuerst hat Montenegro auf kleinstem Raum wahnsinnig viel zu bieten: richtig hohe Berge, tiefe Schluchten und Bergseen. Dann das buchstäblich tiefblaue Meer, Sandstrände in versteckten Buchten, ein Hauch von Venedig in den Altstädten von Kotor oder Budva – es ist ein Märchenland.

Und was mögen Sie dort nicht so?

Der Bauboom an der Küste stört mich gewaltig. Obwohl sich Montenegro Öko-Staat nennt: Die Verschandelung der unberührten Strände kann man kaum ökologisch nennen. Die Montenegriner begreifen nicht, was sie dadurch verlieren können. Jammerschade.

Wo und wie leben Sie genau?

Ich lebe in Belgrad, im Haus, in dem ich aufgewachsen bin, im Zentrum der Stadt. Um die Ecke ist ein großer Bauernmarkt, Geschäfte und Kneipen sind nicht weit. Belgrad ist eine pulsierende Stadt, eine Mischung aus Triest und Budapest.

Was machen Sie beruflich?

Als freie Journalistin berichte ich aus der gesamten Balkanregion. Ich habe für fast alle großen deutschen Printmedien geschrieben, u. a. „FAZ", „Die Zeit", „Vanity Fair" oder „Geo". Für das Internetportal „Geo Audio" mache ich Hörfunkreportagen aus den Balkanschluchten und über den neu erwachten Tourismus.

Kommen Sie viel in Montenegro herum?

Ja, so oft die Themen Montenegro betreffen. Aber auch sonst bin ich dort, wann immer ich kann, um kurz Sonne zu tanken und die Familie zu sehen – am liebsten im Juni oder September, wenn das kleine Land nicht so überlaufen ist.

Was machen Sie in Ihrer Freizeit?

Freunde treffen, essen gehen oder selber kochen – das entspannt mich. Klavierspielen genauso: Das Üben von Kadenzen tut den Fingern und dem Kopf gut.

> BLOSS NICHT!

Auch in Montenegro gibt es Dinge, über die Sie Bescheid wissen oder die Sie vermeiden sollten

Tempolimit ignorieren

Das kleine Heer von über 10 000 montenegrinischen Polizisten ist notorisch unterbeschäftigt und unterbezahlt, sodass beim Stoppen von Rasern gleich zwei Fliegen mit einer Klappe geschlagen werden können. Zum Rasen gehört bei Geschwindigkeitsbegrenzungen von maximal 100 km/h nicht viel, halten Sie sich deshalb wirklich strikt an die Zahlen auf den Schildern – weniger wegen der ärgerlichen Knöllchen als Ihrer eigenen Sicherheit zuliebe. Schließlich gehören abrupt wechselnder Fahrstil und lebensgefährliche Überholmanöver zum Alltag auf Montenegros schlechten Straßen. Die bunten Kränze zum Gedenken an die Verkehrstoten an vielen Straßenrändern sind ein deutliches Zeichen. Auch auf Pferdewagen und kaputte Scheinwerfer sollten Sie sich einstellen. Daher: Augen auf – und nicht schneller als Ihr Schutzengel fahren!

Abfälle liegen lassen

1991 erklärte das Parlament in Podgorica Montenegro zum ökologischen Staat. Doch mit der Umsetzung der einfachsten ökologischen Prinzipien im Alltag ist es leider noch nicht so weit her. Unzählige Plastiktüten verunzieren die Ufer von Morača und Ribica in der Hauptstadt, im ganzen Land dienen Böschungen als illegale Müllkippen. Dabei gibt es genug Mülleimer – nutzen Sie sie!

Grenzbereich missachten

Auch wenn der Krieg im Kosovo schon lange zurückliegt, kann es immer wieder zu Spannungen kommen, die sich durch erhöhte Wachsamkeit an den Grenzposten auswirken. Die grünen Grenzen zu Albanien und Bosnien-Herzegowina gehören zu den Hauptschmuggelrouten Richtung EU. Halten Sie sich in diesen Gegenden strikt an die großen Straßen, denn Abenteuerausflüge könnten gefährlich werden.

Leitungswasser trinken

Überall wird mit per Schrift und Schild gewarnt: Leitungswasser ist nicht trinkbar. Lieber eine Flasche Mineralwasser an den Strand nehmen, es löscht nicht nur den Durst, es schmeckt auch lecker.

Moscheen mit Schuhen betreten

In den kleineren muslimischen Gemeinden im Sandžak und an der Grenze zu Albanien sind spontane Einladungen, Moscheen zu besichtigen, keine Seltenheit. Ziehen Sie davor Ihre Schuhe aus, wie die Muslime es auch tun! Im Eingangsbereich ist dafür reichlich Platz. Für Besuche von Kirchen und Klöstern gilt: Betreten Sie die Gebäude nicht in allzu lockerer Kleidung. Orthodoxe Gläubige verlassen religiöse Orte übrigens rückwärts – mit Blick auf die Ikonen.